나는 다시 태어나기로 했다

맨리 P. 홀의 환생 강의 제2부

이 책은 _____의 것입니다.
책을 빌려 가신 분은 일단 열심히 읽고 많이 공부하세요.
하지만 다른 사람에게 또 빌려주지는 마시기 바랍니다.
많은 사람들의 손을 타다 보면 책도 금세 낡아지고
주인에게 되돌아오지 않는 경향이 있더라고요.

나는
다시 태어나기로
했다

맨리 P. 홀의
환생 강의 제2부

맨리 P. 홀 지음
윤민 + 남기종 옮김

마름돌

"Can Astrology Help Us to Understand Reincarnation and Karma?":
Copyright © 2019 by the Philosophical Research Society.
From a lecture given on August 13, 1961.

"Worlds Beyond the Grave":
Copyright © 2019 by the Philosophical Research Society.
From a lecture given on August 21, 1988.

"Questions & Answers":
Copyright © 2019 by the Philosophical Research Society.
From Horizon, 1957 Winter; PRS Journal, 1964 Summer; PRS Journal, 1965 Autumn; PRS Journal, 1973 Winter; PRS Journal, 1984 Winter.

Korean translation Copyright © 2019 Yoon & Lee Publishing
This Korean edition was published by arrangement
with Philosophical Research Society.

이 책의 한국어판 저작권은 저작권자와의 독점계약으로
윤앤리퍼블리싱에 있습니다.
마름돌은 윤앤리퍼블리싱의 임프린트 입니다.
저작권법에 의해 보호받는 저작물로 무단전재와 무단복제를 금합니다.

역자서문

　예전에 어떤 가수가 전생에 대한 질문을 받고 이렇게 대답했다. "전생에서도 가수였을 것 같아요. 아무리 일정이 바쁘고 힘들어도 무대 위에 올라가면 힘이 솟아나고 너무 즐거워요." 세상에는 이 가수처럼 음악적 재능이 뛰어난 사람도 있고, 책에 한 번 빠지면 시간이 가는 줄 모르는 사람도 있고, 심지어 공부를 취미로 삼는 사람도 있다. 반면에 노력은 안 하면서 모든 것을 갖기 원하고, 책임과 의무를 회피하기 위해 잔머리를 굴리고, 매사에 불만인 사람도 있다. 같은 집에서 태어나 부모의 유전자와 사랑을 똑같이 받은 형제, 자매끼리도 성격, 지능, 감정, 체력, 외모가 완전히 딴판일 수 있다. 저자가 본문에서 언급하듯이, 유복한 가정에서 자란 아이가 커서 범죄자가 되고, 불우한 가정에서 자란 아이가 성인군자가 되는 것 역시 설명하기 어려운 수수께끼다. 인간의 운명은 유전nature에 의해 정해지는 것일까, 아니면 환경nurture에 의해 정해지는 것일까? 두 가지 요인이 복합적으로 작용하는 것인가? 신이 주사위를 던져서 그런 결과가 나온 것일까? 아니면 우리가 지나친 또 다른 요인이 있는 것일까?

　세상을 호령하며 살다가 나이 들어 허무하게 죽음을 맞은 유명인사의 소식을 전해 들은 사람들은 "인생은 빈손으로 왔다가 빈손으로 가는 것"이라 되뇌며 인생의 덧없음을 표현하곤 한다. 부자도, 거지도 피해갈 수 없는 죽음이야말로 세상에서 가장 공평한 것이라며 마음의 위안까지 얻는다. 하지만 우리는 과연 빈손으로 왔을까? 모든 아기는 진짜 백지상태에서 세상을 처음 접하며 삶을 시작하는 것일까? 모차르트가 다섯 살 때부터 작곡을 시작한 것은 어떻게 설명할 수 있을까? "그래서 천재라 불리는 것이다."라고 얼버무리면 다 해결되는 것일까?

환생과 카르마의 법칙에 따르면 인간은 빈손으로 세상에 태어난 것도 아니고, 죽을 때 빈손으로 떠나는 것도 아니라고 한다. 오늘의 행동이 나중에 결과가 되어 돌아오듯이, 지금의 나는 과거의 행적뿐 아니라 전생의 삶이 불러온 산물이며, 내가 지금 어떻게 사느냐에 따라 다음 생의 향방이 정해진다는 것이다. 타인을 위해 봉사하는 삶에 자연스럽게 이끌리는 사람은 전생의 과업을 이번 생에서 그대로 이어가는 것이고, 남이야 어찌 되든 오로지 세속적인 성공을 삶의 목표로 삼는 사람 역시 전생에서 그 야망을 안고 태어났을 가능성이 아주 높다. 이들이 죽은 후에 다음 세상으로 가져가는 것은 헌신하겠다는 고운 마음과 뭐든지 다 소유하려는 탐욕이다. 그렇다면 인간은 선택의 여지도 없이 주어진 팔자대로 살아야 한다는 말일까?

부처는 세상에서 가장 위대한 성자와 현자도 전생에서 무수히 많은 악을 행한 적이 있는 사람들이라고 지적했다. 그들조차 한때 무지의 암흑에서 갈피를 잡지 못해 삶을 파괴하고, 자기의 능력을 나쁜 목적으로 이용하고, 주변 사람들을 우울하게 만든 전과를 가지고 있다는 것이다. 하지만 이들은 과거에 저질렀던 악행의 죗값을 치르고 새로운 모습으로 탈바꿈하는 데 성공했기 때문에 깨달음의 경지에 올랐다. 원하기만 하면 누구나 팔자를 고치는 것이 가능하다는 얘기다.

고대의 점성학자 프톨레마이오스는 "하늘의 별은 인간의 행동을 부추기기는 하지만 강제하지는 않는다."라고 말했다. 별 또는 사주팔자가 인간에 미치는 영향은 항해사가 마주해야 하는 바람과 해류에 비유할 수 있다. 아무런 의지나 동기도 없이 삶의 조류에 휩쓸려가는 인생은 별이 점지한 운명을 실현하게 될 가능성이 아주 높지만, 인생이라는 배의 키를 직접 잡은 항해사가 되어 때로는 바람과 해류를 이용하고, 때로는 땀을 흘리면서 목적지를 향해 배를 조종하면 안전하게 항구에 정박할 수 있다. 아무런 노력도 하지 않고 삶의 바다 위에서 둥둥 떠다니는 사람의 미래는 예측하기 쉽다. 인간의 용기, 신념, 의지라는 변수가 빠진 상태에서 외부 환경의 영향만 받으며 움직이기 때문이다. 하지만 나를 둘러싼 환경과 상황을 방관하지 않고 뭔가 해 보겠다고 마음먹고 행동하는 순간, 운명이 달라질 수 있다.

좋은 패를 들고 돈을 따는 것은 누구나 할 수 있는 일이다. 하지만 진정한 고수는 손에 쥔 패에 불만을 가지지 않고 묵묵히 게임에 임한다. 그 패는 자기가 만든 것이고, 이제 와서 물릴 수도 없지만, 게임의 결과는 자신의 의지에 따라 바뀔 수 있다는 사실을 알기 때문이다. 환생은 인생의 게임에서 지난 실수를 바로잡고 승리를 쟁취할 수 있도록 우리에게 주어지는 선물이다. 그 선물을 어떻게 활용할지는 패가 아니라 내가 지금부터 어떻게 행동하느냐에 달려 있다. 이 책을 승리의 매뉴얼로 삼아 올바른 삶을 실천하면 모두가 승리자가 될 수 있을 것이다.

영혼의 불멸성

폴솜 교도소1)에 수감되었던 익명의 재소자

마치 오래전에 꿨던 꿈속의 한 장면처럼
달콤한 추억이 뇌리를 스쳐 간다.
내가 한때 알고 지냈던
진실하고 따뜻한 얼굴들이 눈앞을 지나간다.
그들을 언제 마지막으로 보았는지
매번 기억나지는 않는다.
하지만 옛날, 언젠가,
그들을 알고 사랑했다!

나는 꿈속에서 세상을 떠나
먼 곳으로 여행한다.
어쩌면 머나먼 밤하늘의 별에
그들의 영혼이 매달려 있으려나!
잠든 상태에서 내 영혼은
익숙했던 풍경으로 돌아간다.
한 걸음, 한 걸음씩
영혼은 나의 여러 전생을 기억해낸다.

---
1) Folsom Prison. 미국 캘리포니아 주 폴솜에 위치한 주 교도소.

내 영혼은 시간이 시작된 순간부터 존재했고,
앞으로도 영원히 살 것이다.
인간의 나약하고 보잘것없는 손으로,
영혼의 앞길을 막을 수는 없다.
나 비록 지금은 아버지가 걸었던
땅 위의 길을 걷고 있지만,
죽은 후에 내 영혼은 환생을 통해
신에게 더 가까이 다가갈 것이다.

신은 빛나는 우주를 창조하였다.
태양, 별, 하늘도 그의 작품이다.
신은 나의 영혼과
대화할 수 있는 능력도 주셨다.
나는 가끔 꿈에서
미래를 본다.
내 영혼의 진정한 모습을,
순수한 그 모습을 본다!

시간이 종말을 고하고,
지구의 그림자마저 사라질 때,
나도 그토록 지켜보며 기도했던

목적지에 다다를 것이다.
나도 옛 선지자들이 예언했던
영광의 여명을 보게 될 것이다.
나의 영혼은 신의 황금 문을 통과하며
계속 나아갈 것이다.

| 차례 |

역자서문   5
영혼의 불멸성   9

I. 점성학을 통해 환생과 카르마를 이해할 수 있을까?

점성학과 환생 교리의 기원   17
하늘의 가르침, 생명과 성장   25
우리는 빈손으로 오지 않았다   35
역사란 무엇인가?   43
별자리, 인생의 과제를 출제하는 지도교사   52
점성학과 환생의 관계   61
점성학으로 전생을 알 수 있을까?   67
역사의 순환   81

II. 무덤 너머의 세상에 관하여

죽음 이후의 세상	89
왜 세상은 이 모양인가?	97
건강이 악화되는 이유	100
네 개의 몸	111
육신의 소멸 과정	117
삶과 죽음의 교훈	124
영혼은 죽을 수 있다	130
죽음 이후의 삶을 위한 준비	135

III. 저자에게 묻는다

카르마를 다 갚는 것이 가능한가요?	157
남의 삶에 개입하면 카르마가 생기나요?	174
같은 환경에서 자랐는데 왜 다른가요?	204
다음 생에서 일어날 일을 미리 정하고 오나요?	226
다음 환생의 시점은 어떻게 정해지나요?	241

I. 점성학을 통해 환생과 카르마를 이해할 수 있을까?

《프라하 구 시청사 천문시계》

점성학과 환생 교리의 기원

　환생과 카르마의 개념은 아주 먼 옛날, 점성학이 고도로 발달했던 지역에서 탄생했습니다. 오늘 강의를 통해 이 주제와 관련하여 몇 가지 점을 명확하게 짚고 넘어갔으면 합니다. 환생과 카르마의 개념이 처음 형성되던 무렵에는 점성학 이외에 하늘을 공부하는 학문이 따로 없었습니다. 우리에게 친숙한 현대 천문학이 태어나기 전이었습니다. 최근에 한 천문학자가 자기가 연구하는 학문의 역사적 배경이 다소 수치스럽다는 어조로 이런 말을 했습니다. "천문학은 미치광이 부모(점성학)가 낳은 자식이다."

　우주에 관한 공부가 지구로부터 아주 먼 거리에 떨어져 있는 별의 화학적 특성을 분석하고 팽창의 방향을 알아내는 데만 치중했더라면 대중의 관심을 얻지 못했을 것입니다. 당장 써먹을 수도 없는 추상적인 개념을 연구하는 데 그쳤더라면 외면을 받았을 것입니다. 고대인은 새로운 것을 발견할 때마다 항상 실용성부터 따졌습니다. '이 현상이 나에게 의미하는 바는 무엇인가?' '나의 생활에 영향을 주는 일인가?' '우주에 대한 이해가 깊어지면 나에게 어떤 도움이 되는가?' '이 지식을 활용하여 더 잘 살고, 지금보다 나은 사람이 되는 방법은 무엇인가?'

옛날 사람들은 인간의 행동을 관장하는 법칙을 발견하기 위해 우주를 탐구하고 공부했습니다. 인간도 우주의 일부이므로 우주에 존재하는 규칙과 법이 인간에게도 똑같이 적용되며, 우주의 법칙은 신의 역사이자 보편적인 진리의 작용을 상징하기 때문에 올바르게 살기 위해서는 그 법칙에 순종해야 한다고 생각했던 것입니다. 우주의 법칙을 조금씩 이해하면서 고대인은 눈으로 관찰할 수 있는 모든 법칙과 원리가 단순히 기계적이고 역학적인 현상의 배후에 있는 것이 아니라, 지성, 의식, 도덕, 심리적 측면도 내포하고 있다는 결론을 내렸습니다. 천체의 움직임에 영적 가르침이 담겨 있다고 보았던 것입니다.

따져보면 현대문명의 이기에도 도덕이 담겨 있습니다. 가장 단순한 도구에서 복잡한 첨단 기기에 이르기까지, 우주의 법칙에 부합하지 않으면 제대로 작동하지 않습니다. 어떤 기계는 우리에게 협력을 가르치고, 어떤 장비는 조화와 균형을 요구하고, 또 어떤 기기는 인간의 육신, 정신, 영혼의 신비를 보여줍니다. 도시를 건설하면서 물을 공급하는 문제를 고민했던 초기 로마인은 인체의 동맥 계에서 영감을 얻어 송수로를 설계했습니다. 동맥과 정맥의 구조를 본떠서 하나는 송수로의 기반으로 삼았고, 다른 하나로는 하수처리시설을 지었다고 합니다. 인체에 작용하는 우주의 법칙을 자세히 관찰하고 이해한 후에 그 원리를 공동체의 건설에 활용했던 것입니다. 뭐든지 유심히 관찰하고 자연 현상에서 철학을 발전시킨 고대인은 관찰 결과를 분석하고 인간사에 적용함으로써 사회와 문명의 진보를 이룰 수 있다고 생각했습니다.

따라서 점성학은 도덕이 가미된 천문학이라고 할

수 있습니다. 고대인은 하늘의 구조보다는 하늘의 심리에 더 많은 관심을 가졌습니다. 우주를 해부하여 생리학적 구조를 파악하기보다는, 천체의 움직임에 담긴 영적 의미를 발견하기 위해 애썼던 것입니다. 자연의 모든 것에서 도덕의 법칙을 찾아내겠다는 고대인의 노력은 다양한 학문의 태동으로 이어졌습니다. 점성학과 종교는 아주 오래전부터 불가분의 관계를 맺으며 발전했습니다. 현대인이 이 두 분야를 바라보는 시각과는 약간 다른 관계였습니다만, 최고의 종교와 철학 사상은 대부분 점성학이 크게 발달한 지역에서 탄생했습니다. 고대 그리스인들도 점성학을 깊게 공부했고, 이 지식은 훗날 로마에까지 전파되었습니다. 인도와 중국, 그리고 이집트의 알렉산드리아, 멤피스 등을 비롯한 북아프리카 문명의 중심부에서도 점성학에 대한 연구가 활발하게 이루어졌습니다. 예전에 어느 역사학자가 말했듯이, 별에 대한 해박한 지식 없이 높은 수준의 문명을 이룩한 나라는 없었습니다.

오래된 고대의 사상 중 지금까지 살아남은 것은 얼마나 있을까요? 고대인이 발전시켰던 점성학, 환생과 카르마의 개념은 지금도 유효할까요? 우리가 과연 그들의 사상을 제대로 이해하고 있는 것일까요? 현대인은 눈부신 첨단과학과 문명의 혜택을 누리고 있지만, 고대의 과학에 대한 이해는 아직 여러모로 부족하다는 생각이 듭니다. "요즘 점성학을 믿는 사람이 어디 있어?"라는 질문에 대해 한번 생각해 봅시다. 대중 매체에 따르면 점성학이라는 케케묵은 미신을 믿는 사람은 거의 없다고 하고, 반대로 점성학 단체에서 출간하는 문헌에 따르면 꽤 많다고 합니다. 이렇게 단순히 믿고 안 믿고를 기준으로 점성학이라는 분야를 규정할 수 있을까요? 그렇지 않습니다.

고대는 물론이고, 현대의 많은 종교도 초기에는 점성학을 바탕으로 하고 있었으며, 지금도 그 흔적이 곳곳에 많이 남아 있습니다. 오늘날 약 3억 5천여

명에 이르는 힌두교 신자들도 점성학의 중요성을 인정하고 있습니다. 점성학이 힌두교의 본질이라고까지는 얘기할 수 없지만, 신도들 삶의 일부분을 차지하고 있다는 점은 분명합니다. 간디는 아기 때 작성된 출생차트를 늘 휴대하고 다녔으며, 희한하게도 그 차트는 그의 일생에서 일어났던 주요 사건들을 대부분 정확하게 예측했습니다. 얼마 전에는 별들의 운행이 길한 시점을 기다리느라 라오스 국왕의 대관식이 1년 가까이 연기된 일도 있었습니다. 이처럼 지금도 세계 각지에서 점성학이 실용적으로 쓰이는 사례가 많이 있습니다.

불교에서도 점성학을 인정합니다. 모든 불교 신자가 신봉하는 것은 아니지만 점성학은 오래된 불교 전통의 일부로 자리 잡고 있으며, 조금 전 언급한 라오스의 사례처럼 불교를 국교로 삼고 있는 전 세계 40여 개국의 지도부와 정부에 직간접적으로 영향을 주고 있습니다. 힌두교와 불교를 포함하여 점성학을 수

용하고 있는 세계 인구를 다 합치면 10억 가까이 될 것으로 추정됩니다.

환생과 카르마의 교리에 대한 믿음도 대체로 비슷한 양상을 띠고 있습니다. 다만 점성학보다 믿음이 더 보편적이고 견고하다는 차이가 있습니다. 따라서 대략 10억에서 12~13억의 세계 인구가 환생과 카르마의 교리를 종교적 신념으로 삼고 있다고 얘기해도 무방할 것 같습니다[2]. 점성학, 환생, 카르마의 개념이 거리감 있고 생소하게 느껴지는 것은 어디까지나 서양인의 관점입니다. 낯선 이국땅에 사는 시민의 생각과 신념에 대해서 우리가 모르는 것이 아직 많습니다. 마지막으로, 인류 역사에 이름을 남긴 상당수의 위인이 점성학과 환생의 개념을 진리로 받아들였다는 점도 덧붙여야 할 것 같습니다.

고대 그리스는 철학자들이 동아시아 지역을 다녀오면서 환생의 개념을 처음 접한 것으로 보입니다. 이 분야의 선구자는 기원전 6세기에 인도를 방문했

---

[2] 참고로 이 강의는 1961년에 진행되었으며, 당시의 세계 인구를 기준으로 하고 있음.

던 사모스의 피타고라스였으며, 그 후 플라톤이 이 사상을 계승하며 환생 교리의 대변인이 되었습니다. 플라톤주의와 신플라톤주의 둘 다 환생을 우주의 기본 법칙 중 하나로 삼았고, 그리스인들이 로마에서 교사로 활동하면서 로마 제국에도 널리 퍼져 비잔티움까지 도달했습니다. 이처럼 환생은 역사적으로 오랜 전통을 가진 교리로, 오늘날 우리에게 닥친 여러 문제를 해결하는 열쇠가 될 수 있습니다. 잘 이해하지도 못하면서 무조건 배척하기보다는, 탐구하는 자세로 살펴볼 만한 주제라고 생각합니다.

얼마 전에 미국의 모 유명 대학에서 박사과정을 밟고 있던 지인이 교수진에 환생을 주제로 논문을 써도 괜찮을지 문의를 한 적이 있습니다. 특이한 제안을 받은 교수진은 처음에는 놀랐지만, 숙고 끝에 그의 청을 받아들였습니다. 수천 년 동안 전해져 내려오며 역사 속 많은 민족과 사회에 지대한 영향을 준 주제인 만큼, 얼마든지 연구해도 좋다는 결론을 내린 것입니다. 다만 박사학위 취득의 조건을 충족하는 수준의 논문이어야 한다는 전제가 붙었습니다. 신중하게 조사하고, 관련 문헌을 적절하게 참조하고, 연구 과정과 논리를 정확하게 묘사해야 한다는 조건이었습니다. 이 친구는 교수진의 요구에 부응하는 수준의 논문을 제출했고, 결국 박사학위를 취득하는 데 성공했습니다. 환생처럼 일부에서 미신으로 취급하는 분야도 제대로 조사하고 연구하면 인정받을 수 있다는 것을 보여준 좋은 일화라 할 수 있겠습니다.

하늘의 가르침, 생명과 성장

그럼 이제 이 분야의 현실을 한번 점검해 봅시다. 우선 점성학과 환생, 카르마의 교리를 믿는 사람이라면 단지 세상이 손가락질한다는 이유로 열등감에 시달리지 않을 것을 당부하고 싶습니다. 객관적으로 따져 보면 세계 인구의 거의 절반이 당신 편에 서 있습니다. 어떤 분야든 개념을 확실하게 이해하고, 대중의 인식과 전문적인 연구 결과의 차이점을 파악하고, 깊은 사색으로 논리적인 결론에 도달하는 것이 가장 중요한 것입니다.

점성학과 환생은 처음에 어떤 계기로 불가분의 관계를 맺게 되었을까요? 제 생각에는 우주의 법칙과 섭리를 연구하는 점성학이 필연적으로 환생의 교리에 영향을 줄 수밖에 없었던 것 같습니다. 물론 점성학의 모든 연구 결과가 유효하다고 단정을 지을 수는 없지만, 고대 칼데아와 바빌론, 인도의 현자들이 별을 공부하고 천체들의 움직임을 예의주시하면서 우주의 법칙에 대한 어떤 소중한 단서를 얻었다는 사실에는 틀림이 없습니다.

고대의 학자는 여러모로 현대인보다 유리한 위치에 있었습니다. 우리는 학생들로 빽빽한 좁은 교실이나 도서관에 옹기종기 모여 앉아 남이 쓴 교재를 읽으며, 과거 누군가에 의해 진리로 규정된 정보를 암기합니다. 교육 시스템에서 요구하는 지식으로 머리를 채우는 것입니다. 옛날 방식은 달랐습니다. 고대의 학자는 황야로 나가 언덕이나 폐허가 된 탑 옆에 앉아 명상하면서 머리 위의 광활한 우주를 의식 안에 새겼습니다. 그들은 아무런 방해 없이 자연을 관찰하면서 사색에 잠겼습니다. 무엇을 연구하고, 무엇을 발견해야 한다고 지시하거나 강요하는 사람도 없었습니다. 그들은 인간 레이더가 되어 자연이 내보내는 모든 신호를 온몸으로 수신했고, 자기에게 주어진 능력을 활용하여 우주의 원리를 이해하기 위해 노력했습니다.

조상들이 조용한 환경에서 우주를 바라보며 터득한 지식은 오늘날 우리에게 친숙한 다양한 학문의 기초가 되었습니다. 우리는 아직도 누가 인류 최초의 스승들을 가르쳤는지 모릅니다. 우주가 스승 역할을 했으리라고 어렴풋이 짐작할 수밖에 없습니다. 교리, 의견, 편견, 무관용으로부터 자유롭고 순수한 지적 호기심을 가졌던 초기 스승들은 거리낌 없이 지식을 흡수했습니다. 물론 그들도 때때로 실수했지만, 그들이 범했던 것은 '위대한 실수'였습니다. 인간이 볼 수 없는 것까지 보려고 했던 것입니다. 더 나은 것, 더 위대한 진리, 더 아름다운 우주를 발견하려는 노력에서 비롯된 선의의 실수였습니다.

고대 과학자들이 하늘을 바라보며 가장 먼저 발견했던 것은, 우주적 현상이 끝없이 지속된다는 사실이었습니다. 그리스 철학자들도 이 점을 주시하며 인간은 시작도 없고 끝도 없는 영원한 우주에 속해 있다고 결론지었습니다. 현대의 시각과는 달리 고대인은 우주가 거대한 순환에 맞춰 질서정연하게 움직인다고 생각했습니다. 하지만 이 순환은 단순 반복되는 원의 형태가 아니었습니다. 생명체는 진화하면서 매번 원점으로 돌아오는 것이 아니라, 신비스러운 나선형의 계단을 타고 오르며 조금씩 계속 상승했습니다. 멀리서 보기에는 원을 돌며 제자리걸음 하는 것 같지만, 한 바퀴 돌고 출발한 지점에 다시 와서 보면 전보다 한 단계 올라와 있었던 것입니다. 고대인의 우주는 이 같은 순환의 패턴이 서로 연결되고 맞물려있는 구조물이었습니다.

선지자 에스겔[3]은 이 순환을 '바퀴 안의 바퀴[4]'라 표현했습니다. 하늘을 우러러보며 우주의 신비를 사색했던 옛 관찰자들은 그 안에서 단 한 가지를 발견했습니다. 그것은 바로 생명이었습니다. 그들은 모든 곳에서 생명을 발견했습니다. 형태는 수시로 변하지만 본질은 절대 바뀌지 않는 생명을 발견했습니다. 그들은 하나의 생명에서 나온 조각들이 다양한 방식으로 결합하여 무한히 많은 생명을 만들어낸다고 생각했습니다. 하지만 생명의 근원 자체는 영원히 변하지 않습니다. 그들은 인간이 거대한 주기로 영원히 순환하는 하늘 아래 살고 있다는 사실을 알아냈습니

---

3) Ezekiel (기원전 622? ~ 기원전 570?). 구약성경의 《에스겔서》를 쓴 것으로 알려진 히브리 선지자.
4) "그 바퀴의 형상과 그 구조는 넷이 한결 같은데 황옥 같고 그 형상과 구조는 바퀴 안에 바퀴가 있는 것 같으며." (구약성경 에스겔서 1장 16절); "그 얼굴들의 모양은 넷의 앞은 사람의 얼굴이요 넷의 우편은 사자의 얼굴이요 넷의 좌편은 소의 얼굴이요 넷의 뒤는 독수리의 얼굴이니." (구약성경 에스겔서 1장 10절)

다. 매년 계절이 바뀌고, 봄에는 생명이 땅을 뚫고 솟아나고, 씨앗 속에 숨어있던 생명의 잠재력이 펼쳐지면서 꽃을 피우고, 탐스러운 열매를 맺고, 새로운 씨앗을 만들어내는 것을 보았습니다. 겨울에는 모든 생명이 죽는 것처럼 보이지만, 진짜로 죽은 것이 아니라는 사실도 알게 되었습니다. 긴 겨울이 지난 후, 다음 해 춘분에 생명이 다시 땅에서 돋아나는 것을 보며 우주의 섭리를 깨달은 것입니다.

우주에는 탄생과 성장, 성숙과 노화, 죽음과 부활의 신비가 담겨 있고, 고대인은 끊임없이 반복되는 죽음과 부활의 순환에 주목했습니다. 미개한 원시 부족에서부터 세련되고 화려한 문명에 이르기까지, 고대의 모든 종교와 교리는 생명의 탄생과 성장, 그리고 부활을 통한 죽음의 정복이라는 개념을 바탕으로 출발했습니다. 특히 사계절이 뚜렷한 온대 지역에 거주하는 사람들은 중단 없이 우주를 관통하는 생명의 여정을 명확하게 인식했습니다.

따라서 고대인은 우리처럼 죽음을 심각한 일로 여기지 않았습니다. 그들은 모든 생명의 형상(육신)이 언젠가 사라지는 것은 자연의 이치라고 생각했습니다. 나무는 겨울에 죽은 것처럼 메말랐다가 봄에 다시 살아나 싹을 틔웁니다. 인간의 육신은 나무처럼 매년 죽었다 살아날 수 없으므로 일부 지역에서는 미라 또는 종교의식으로 육신을 보존하려 시도했습니다. 어쨌든, 이들은 생명이 곧 진리이며, 생명을 부정하는 것은 진리의 부정이자 오해 또는 무지에서 비롯된 실수라고 확신했습니다.

이처럼 고대인은 우주를 공부하면서 인간은 불사의 존재라는 교리를 개발했습니다. 인간의 영혼이 불멸의 속성을 가지는 것은 우주의 법칙에 따른 당연하고 합리적인 결과라고 생각했습니다. 그들은 '의미 없는 존재'의 개념을 받아들이지 않았습니다. 인간이 세상에 태어나 잠시 살다가 떠나는 것을 일회성 사건으로 인정하지도 않았습니다. 우주 만물이 법칙에 따라 태어나고, 존재하고, 성장하고, 탈바꿈하는 순환의 여정을 지속하는데, 오로지 인간만 의미 없이 서로 아옹다옹 다투다가 무덤에 묻혀 영원히 사라진다는 것은 말이 안 된다고 여겼습니다.

따라서 그들은 인간의 삶이 중요한 의미를 지니고 있고, 자연의 일부인 인간도 천체의 운행과 우주의 섭리를 관장하는 법칙의 지배를 받는다고 생각했습니다. 우주상에 존재하는 모든 것과 동등한 지위를 지닌 생명체라고 여겼던 것입니다. 그들은 우주 만물 중에서 진짜로 죽는 것은 없으므로 인간도 죽지 않으며, 인간은 모든 생명과 한배를 타고 같은 운명을 향해 나아가고 있는 존재라는 결론을 내렸습니다.

인간은 다른 종과 차별되는 희한한 방식으로 창조된 존재가 아닙니다. 자연에 대한 통치권을 선물로 받은 존재도 아닙니다. 인간이 곧 자연이고, 인간 안에 자연이 있는 것입니다. 인간은 다른 생명체에게는 없는 여러 가지 고급 능력과 힘을 물려받았으며, 그

힘으로 자연과 협력하여 물질 세상을 이끌고 가꾸는 특권, 기회, 책임도 함께 받았습니다. 고대인에 따르면 의식적으로 우주의 운명을 이해하고 이에 협력하는 능력을 가진 지성체는 인간밖에 없었습니다. 이런 생각은 자연스럽게 철학, 종교, 도덕, 윤리의 발전으로 이어졌습니다. 그들은 이런 사상적 배경으로 인간이 해야 할 일이 무엇인지, 인간이 어떤 능력을 갖고 있는지, 그리고 자연에 대한 인간의 책무가 무엇인지 정의하는 일에 착수했습니다.

그들은 태어나는 모든 생명마다 따라야 할 특별한 법칙이 따로 있다는 사실도 관찰을 통해 알아냈습니다. 우리는 편의상 이 하위 법칙을 '신성의 법칙Divine Law'과 구분하기 위해 '자연의 법칙Natural Law'이라 부릅니다만, 대부분의 고대인은 단 하나의 법칙만 존재한다고 생각했습니다. 말하자면 이 유일한 법칙이 영의 법칙과 물질을 관장하는 법칙의 두 갈래로 나뉜 것이라 할 수 있습니다. 발현되는 형태는 다르나, 궁극적으로는 하나의 법에서 나온 것입니다.

고대인은 철에 맞춰 씨앗을 심으면 풍성한 수확을 거둘 수 있지만, 적절한 시기에 씨앗을 심지 않으면 식물이 잘 자라지 않는다는 사실도 발견했습니다. 모든 일에는 적절한 때가 있고, 적기에 운명이 펼쳐지고 실현된다는 것을 알게 된 것입니다[5]. 그들은 또한 식물과 동물은 정해진 시점에 짝짓기하고, 철에 따라 성장하고, 수분 작용과 씨 뿌리기가 이루어지지만, 인간은 사시사철 짝짓기를 할 수 있다는 것을 알게 되었습니다.

수정이 이루어진 시점에 따라 수확의 결과가 달라지는 것을 확인한 고대인은 인간이 수많은 계절을 품고 있는 복합적인 존재이며, 1년 365일 중 특정 시점에 태어난 사람은 이에 부합하는 운명을 맞게 되고, 다른 시점에 태어난 사람은 또 그 철에 맞는 삶의 경험을 하게 될 것이라고 보았습니다. 이와 동시에 인

---

[5] "천하에 범사가 기한이 있고 모든 목적이 이룰 때가 있나니, 날 때가 있고 죽을 때가 있으며 심을 때가 있고 심은 것을 뽑을 때가 있으며." (구약성경 전도서 3장 1~2절)

간은 언제, 어디서 태어나든, 올바르게 성장하면서 자신의 운명을 실현할 수 있는 능력도 갖고 있다고 믿었습니다. 인간이 태어난 시점은 그가 물질 세상에 있는 동안 성장하는 방향과 속도에 영향을 줄 수 있지만, 삶과 죽음이라는 근본적인 문제와는 무관하다고 생각했던 것입니다.

우리는 빈손으로 오지 않았다

우리 조상들은 탄생의 신비에 대해서도 많은 관심을 기울였습니다. 그들은 세상에 새로 태어나는 생명은 단순한 생물학적 작용의 결실이 아니라, 우주의 법칙에 의해 탄생한 필연적인 산물이라고 생각했습니다. 중국을 비롯한 일부 국가에서 일찌감치 인간의 출생과 관련하여 주목한 재미있고 흥미로운 현상이 하나 있습니다. 갓난아기의 얼굴을 자세히 살펴보면 희한하게도 세월의 풍파를 다 겪은 노인의 인상을 풍긴다는 점입니다. 솔직히 세상에 갓 태어난 아기보다 더 나이 들어 보이는 사람은 없습니다. 갓난아기는 도통 의미를 알 수 없는 불가사의한 표정을 지으며 세상에 옵니다. 육신은 아직 완성되지 않은 상태지만, 얼굴은 깊은 명상에 빠진 현자 또는 고령의 증조부 같은 모습을 하고 있습니다. 아기는 인생의 쓴맛을 다 본 사람처럼 세상에 오자마자 일그러진 표정으로 한바탕 크게 울음을 터트리며 자신의 비관적인 심정을 표현합니다. 아기가 출생 직후 경험하는 일 중 하나는 볼기짝을 맞는 일입니다. 다시 말해, 인간은 형벌을 받아야 살 수 있는 존재입니다. (청중 웃음)

우리 조상들은 이처럼 작은 것에서도 의미를 발견했습니다. 관찰할 수 있는 모든 것에서 자연의 섭리를 상징하는 심볼을 찾아냈습니다. 그들은 태어난 지 얼마 되지도 않은 아이가 때때로 다 큰 어른조차 생각지 못한 지혜를 발휘한다는 점에도 주목했습니다. 아이들은 우리가 생각하는 것만큼 무지하고 무기력한 존재가 아닙니다. 신체적으로는 어른의 도움을 절실히 필요로 하고 태어난 직후에는 동물보다도 못한 상태이지만, 고대인은 삶을 경험해보지도 않은 아이가 세상을 이해하고 가치를 판단하는 능력이 있다는 사실을 발견했습니다. 이성적으로 사리를 분별할 나이가 되지도 않은 아이가 마을 원로의 말문을 막히게 하는 심오한 질문을 하는 것을 보고 깜짝깜짝 놀랐습니다.

아기는 선천적인 호기심과 알고자 하는 열망을 가지고 세상에 태어나는 것으로 보입니다. 하지만 어른들의 꾸중과 세상살이에 익숙해지면서 왕성했던 호기심이 점차 무뎌지고, 합리적 사고를 할 줄 아는 나이가 될 무렵에는 비합리적으로 사고하고 행동하는 습관에 길들여집니다. 고대인은 아기가 육신을 가지고 태어나는 순간에 인생이 시작된다는 생각을 받아들이지 않았습니다. 엄마의 뱃속에서 세상 밖으로 갓 나온 손바닥만한 아기, 그 아기의 작은 육신이 인간의 전부라고 생각하지 않았습니다. 명확한 근거를 댈

수는 없었지만, 혼자의 힘으로 아무것도 하지 못하는 아기 안에 플라톤, 아리스토텔레스, 레오나르도 다빈치, 라파엘, 또는 미켈란젤로가 담겨있을 수도 있다고 생각했습니다. 육신으로서의 아기는 지극히 보잘것없지만, 그 아기가 장차 커서 세상을 바꾸는 위인이 될 수도 있다는 것이었습니다. 아기가 나중에 천재가 될지 아니면 독재자가 될지, 인류의 위대한 스승이 될지 아니면 이름 없는 소시민으로 살아갈지는 아무도 알 수 없었습니다. 오로지 시간, 환경, 조건이 아기의 미래 운명을 드러낼 수 있었습니다.

그들은 가족의 새 식구가 된 작은 생명을 이해하기 위해 아기를 유심히 관찰했습니다. 어디에서 무엇을 하다가 온 존재인지 궁금해했습니다. '진짜 이번에 처음으로 태어난 영혼인가?' '전생의 경험을 가지고 있는 영혼인가?' '단순히 부모의 결합으로 탄생한 생물학적 결과물인가?' '이 아기는 왜 지금, 이 집에서 태어났을까?' '왜 어떤 아기는 귀족 가문에서 태어나고, 어떤 아기는 평민의 집에서 태어날까?' '왜 어떤 아기는 세상을 호령하는 인종으로 태어나고, 어떤 아기는 핍박받는 인종으로 태어날까?' 그 이유를 명쾌하게 설명하진 못했지만, 세상에는 불우한 가정에서 태어나 고달프게 살아가는 아이도 있다는 사실은 부정할 수 없었습니다. 좋지 않은 환경에서 자란 아이의 경우 성공할 가능성도 상대적으로 낮고, 본인의 잠재력을 완전히 펼치는 데 있어 여러모로 불리한 입장이기 때문입니다.

고대인들은 아기마다 독특한 운명을 타고 태어나는 이유를 규명하기 위해 합리적 사고라는 도구를 활용했습니다. '이 아이가 애초에 태어난 이유는 무엇일까?' '경전에 기록된 것처럼 그냥 말씀의 힘으로 쉽게 창조될 수도 있었을 텐데, 왜 굳이 까다롭고 복잡한 생물학적 과정을 통해 태어났을까?' '왜 이 아기는 앞으로 본인은 물론이고 주변 사람들에게까지 폐를 끼치며 크는 고된 성장기를 거쳐야 하는가?' '왜 어떤 아기는 커서 망나니가 되나?' 쉽게 이해하고 설명하기 힘든 이런 현상이 신의 계획안에서 어떤 의미를 가지는지, 그 궁금증을 해소하려 노력한 것입니다.

옛 철학자들은 신의 계획은 반드시 옳아야만 한다고 생각했습니다. 어떤 논법을 동원해서 설명하든, 신의 섭리는 물질계에서 관찰된 결과를 뒷받침할 수 있어야 하고, 동시에 인간의 삶에 큰 의미가 있다는 점을 명백하게 입증해야만 했습니다. 고대인의 관점에서 물질주의는 상상조차 할 수 없는 어불성설이었습니다. 생명력이 결여된 물질주의는 어떤 문제도 해결하지 못하고, 인간의 잠재력을 펼치고 인격을 함양하는 데 아무런 도움이 되지 않았기 때문입니다.

고민 끝에 그들은 이 문제를 설명할 수 있는 두세 개의 잠정적인 결론에 도달했습니다. 첫째는 모든 아기가 새로 태어난 생명이라는 가설입니다. 인간이 가늠할 수 없는 신의 오묘한 섭리에 따라 창조되었거나, 여러 세대에 걸쳐 전해져 내려온 조상의 씨앗이 부모 대에서 새로운 열매를 맺어 아기가 태어났다는 이론입니다. 이게 사실이라고 가정할 경우, 모든 아기는 이전 세대의 영향을 받게 됩니다. 예를 들어, 증조할아버지가 범죄자였다면 아기에게도 그 영향이 옵니다.

논리적인 면에서 봤을 때는 깔끔하지만, 아기의 입장에서는 다소 억울하고 불공정하다는 단점이 있습니다. 알지도 못하는 조상이 오래전에 나쁜 짓을 저질렀기 때문에 선택의 여지 없이 피해자가 되어야 하고, 조상 중 한 명이 악명 높은 해적이었다는 이유만으로 매 순간 조심스럽게 행동하며 작은 실수 하나도 해서는 안 되는 운명을 안고 살아가야 한다는 뜻이기 때문입니다. 따라서 아기는 단순한 생물학적 과정의 결과물이라는 가설은 문제 해결에 도움이 되지 않습니다.

고대인이 상식적으로 납득하고 받아들일 수 있는 유일한 해답은 모든 인간이 예전에 한 짓을 바로잡기 위해 다시 태어났다는 환생의 개념이었습니다. 환생의 교리는 많은 사람을 불편하게 했고, 예수 시대의 바리새인들[6]에게도 골칫거리였습니다. 성경에도 제자들이 앞을 보지 못하는 한 사내를 가리키며 예수에게 묻는 장면이 나옵니다. "이 자가 소경으로 태어난 게 본인의 잘못입니까? 아니면 부모의 잘못입니까?[7]" 예수가 살던 시절에 환생의 개념이 어느 정도 퍼져있지 않았더라면 "본인의 잘못으로 인해 소경으로 태어났느냐?"는 질문도 하지 않았을 것입니다. 제자들은 아마 소경으로 태어난 자의 전생을 염두에 두고 예수에게 그런 질문을 했을 것입니다. 사내가 아무런 근거 없이 소경으로 태어나는 맹목적 운명을 맞은 것이 아니라, 단 한 번의 인생으로 마무리할 수 없는 과제 수행의 일환으로 꼭 필요한 일이었기 때문에

---

6)　Pharisees. 제2 성전 시대(기원전 515년경 ~ 서기 70년)에 활동했던 유대교 사제계급. 모세의 율법을 중시했던 것으로 알려져 있으며, 유대교 혁신의 주축이었던 예수와 여러 차례 갈등을 일으킨 것으로도 잘 알려졌다.
7)　"제자들이 물어 가로되, 랍비여 이 사람이 소경으로 난 것이 뉘 죄로 인함이오니이까? 자기오니이까 그 부모오니이까?" (신약성경 요한복음 9장 2절)

앞을 보지 못하는 사람으로 태어났을 가능성도 있다는 얘기입니다.

역사란 무엇인가?

고대 그리스와 칼데아인들도 같은 문제를 고민했었다는 점이 흥미롭습니다. 우리는 역사를 공부합니다. 역사란 오랜 세월에 걸친 인간의 행동을 기록한 것입니다. 민족과 국가의 흥망성쇠와 위대한 인물의 행적을 기록한 것이 역사입니다. 그런데 우리는 과거의 역사는 읽을 수 있지만, 현재는 읽지 못합니다. 세상에는 그리스 철학이 꽃을 피웠던 황금시대에 태어나 피타고라스, 플라톤, 아리스토텔레스와 함께 공부할 수 있었더라면 참 좋았으리라고 생각하는 사람도 있고, 지금으로부터 천년 후, 상식이 통하는 시대에 태어나 자유롭게 살면 좋겠다고 생각하는 사람도 있습니다. 시대, 지역, 문화권을 불문하고 세상 많은 사람이 가진 공통적인 생각 중 하나는, '내가 하필이면 불행한 시대에 태어나서 생고생하고 있다.'는 비관적인 생각입니다. 찬란했던 과거와 희망으로 가득한 미래를 부러워하고, 우울한 현재는 멸시합니다.

역사가 중요하다는 것, 태초부터 현재까지 이르는 인류의 경험이 중요하다는 것은 정확히 무슨 의미일까요? 인류는 장구한 시간의 흐름을 통과하며 앞으로 계속 나아가는 존재라는 사실을 이해하는 것이 중요한 것입니다. 최근 학계에서는 인류의 역사가 시작된 시점을 다시 조정하였습니다. 얼마 전까지만 해도 인류의 역사는 그리 오래되지 않은 것으로 알려져 왔지만, 최신 연구에 따르면 백만 년 전에도 지구상에 인간이 존재했다고 합니다. 앞으로 연구가 계속 진행되면서 인류의 역사가 오백만 년, 천만년으로 늘어질지도 모를 일입니다.

인간은 아주 오랜 세월에 걸쳐 세상을 경험하며, 역사는 인간이 다양한 외부 자극에 어떻게 반응했는지를 기록한 자료입니다. 인간뿐 아니라 인류가 설립하거나 창조한 정부, 예술, 과학, 문화, 종교의 발전 과정도 기록한 종합 자료입니다. 인간과 인간의 문명은 지금도 성장 중이며, 미래에도 진보를 거듭할 것입니다. 이 긴 역사의 흐름 속에서 인간은 70~80년 정도 세상에 머무르다가 사라집니다.

과거와 현재를 품고 사는 인간은 두루마리에 적힌 글귀처럼 역사의 일부(현생)만 볼 수 있고 나머지는 무의식 속에 저장되어 있는 것으로 보입니다. 인간은 책으로 접하는 정보 외에는 과거와 직접 연결되어 있지 않습니다. 미래도 마찬가지입니다. 후손들이 지금 세대보다는 나은 세상을 만들 것이라고 막연하게 기대하는 것 외에는 미래에 닿을 방법이 없습니다. 그렇다면 과거의 역사와 미래에 대한 희망이 현재의 인간에게 도움을 주는 방법은 무엇일까요? 인간은 지금 당장 완벽해질 수 없다는 사실에서 답을 찾을 수 있습니다. 어마어마하게 긴 우주의 역사 속에서 티도 나지 않을 만큼 짧은 생애를 살면서 성장을 마친다는 것은 불가능합니다.

한 번의 생에서 인간이 성취할 수 있는 게 과연 얼마나 될까요? 세상에서 많은 업적을 쌓은 위인들이 죽은 후에 가는 곳이 있다고 상상해 봅시다. 그곳에는 선량하고, 자애롭고, 생전에 부족 주민들에게 많은 도움을 주었던 늙은 인디언 주술사가 있습니다. 그는 소위 말하는 원시시대에 살았던 사람으로, 기껏해야 동물 뼈를 던져 점을 치고 마법이 깃든 주문을 외우면서 환자의 회복을 기원했을 것입니다. 하지만 그 당시에는 부족의 원로로서 모든 주민의 사랑과 존경을 받았던 인물입니다. 그가 위인들을 위해 마련된 '천국'에 갔다고 가정해 봅시다.

그 후 천년의 세월이 흘렀습니다. 선량한 주술사에 대한 기억은 지구상에서 자취를 감춘 지 오래입니다. 그가 만약 천국에 갔다면 천 년 전과 같은 상태에 머물러있을 것입니다. 그리스의 황금시대를 살다가 이제 막 천국에 온 철학자와 제대로 의사소통하기도 어려울 것입니다. 주술사도 많은 학식과 이해와 타인을 배려하는 마음을 가진 사람이지만, 현대인이 필수품으로 여기는 문명의 이기에 대한 지식이 없어 말이 통하지 않을 가능성이 높습니다. 천국 새내기인 그리스 철학자는 천년 선배인 주술사를 이해할지 모르지만, 주술사는 철학자가 무슨 말을 하는지 알아듣지 못할 것입니다.

현대미술, 첨단과학, 각종 기계와 장비, 우주선, 금융상품 등에 대한 지식으로 머리를 채운 '세련된' 현대인이 천국에 간다면 또 어떻겠습니까? 천국 시민 중 가장 똑똑한 사람이라는 대우를 받을지도 모릅니다. 물론 현실적으로는 심신이 가장 불안정한 사람이겠지만 말입니다. 하지만 만년 후에는 어떻게 될까요? 그 역시 까마득한 옛날에 살았던 원시인 취급을 받을 것입니다. 후대의 인류는 그 현대인이 성취한 결과물과 그가 저질렀던 실수를 타산지석으로 삼아 더 많은 진보를 이룩했을 것입니다.

이처럼 인류는 오랜 세월에 걸쳐 진화합니다. 수많은 경험을 쌓고 시련에 맞서 승리하면서 성장합니다. 인간이 한 번 태어나서 죽고 존재가 사라진다면 성장의 전체 과정에 참여할 수 없습니다. 그가 인류의 발전에 기여할 수 있는 시점은 현재뿐이며, 육신의 죽음과 함께 영원히 사라지면 존재의 의미니 잠재력의 표현이니 하는 것들도 모두 무용지물이 됩니다. 인류는 계속 성장하지만, 인간은 죽는다는 얘기가 됩니다. 현대과학의 격언 중 하나입니다. "인류는 풍요로움을 향해 계속 발전하지만, 인간은 태어날 때처럼 가난한 상태로 죽는다."

고대인은 그렇게 생각하지 않았습니다. 그 말이 사실이라면 차라리 지금 당장 관으로 들어가 다 끝내는 것이 낫다고 생각했습니다. 인간은 역사의 긴 흐름 속에서 한 번 잠시 나타났다가 허무하게 사라지는 하루살이 같은 존재가 아니라, 인류와 우주의 성장 과정에 참여하며 함께 흘러가는 존재입니다. 고대인은 이 원리를 설명하기 위해 환생의 개념을 고안했습니다. 비록 과거를 기억할 수는 없지만, 나 자신이 과거의 일부였다고 생각한 것입니다. 인류의 역사가 곧 나의 역사이며, 영원토록 펼쳐지는 의식의 이야기입니다. 앞으로 백만 년이 걸리든 10억 년이 걸리든, 모든 인간이 인류와 함께 이 과정 전체에 참여합니다. 인류의 나이가 곧 내 나이입니다.

인간은 때로는 눈으로 볼 수 있는 형상을 가진 상태로, 때로는 보이지 않는 형태로 역사에 참여합니다. 육신을 가지고 있을 때는 물질 세상에서, 육신을 걸치고 있지 않을 때는 다른 영역에서 인류의 진보에 기여합니다. 인간은 물질 세상에서 생식으로 새로운 육신을 창조하고, 죽은 후 영적 세상에 머무르다가 생식의 결과물이 되어 새로운 육신을 입고 다시 태어나는 존재입니다. 창조된 후에 세상을 직접 체험하고, 사후세계에서 다시 창조되기를 기다리는 상태를 번갈아 가면서 인류의 역사와 끝까지 함께하는 것입니다. 이 문제를 진지하게 고민했던 고대인은 환생의 개념이 가장 상식적이고 설득력이 있다는 결론을 내렸습니다.

정직성은 '권리'와 관련이 있습니다. 생명의 권리와 특권, 삶의 기회와 책무를 얻으려면 정직해야 합니다. 고대인은 경험도 자격이 있는 자에게만 주어진다고 생각했습니다. 모든 행동이 용납되고, 누구나 다 하고 싶은 대로 해도 괜찮다는 개념은 없었습니다. 인간은 실수할 수 있고, 누구나 실수를 합니다. 하지만 실수보다는 생명이 더 중요하며, 인간이 저지른 실수와 오명이 역사책을 아무리 시커멓게 먹칠하더라도 생명은 지속된다고 믿었습니다. 큰 전쟁을 일으켜 수많은 양민을 학살한 살인마의 생명도 지속됩니다. 독재자의 생명에도, 바보의 생명에도 끝은 없습니다.

실수는 작은 것이며, 생명은 큰 것입니다. 생명 외에는 영원한 것이 없습니다. 인간은 자기를 학대할 수 있습니다. 부정적인 생각에 빠져 인생을 망칠 수도 있고, 인격을 땅바닥에 떨어트릴 수도 있고, 사회에서 격리될 수도 있고, 범죄를 저지르고 형벌을 받을 수도 있습니다. 하지만 자기를 죽일 수는 없습니다. 생명은 인간이 마음대로 할 수 있는 것이 아닙니다. 내가 나를 죽일 수도 없고, 남이 나를 죽일 수도 없습니다. 인간이 다른 인간의 생명을 빼앗는 것이 가능하다면 우주는 정의롭지 않다는 얘기가 됩니다. 따라서 만물에서 정의를 구했던 고대인은 세상에 우연은 없고, 모든 것이 우주의 법칙을 따를 수밖에 없다고 결론지었습니다. 인간의 한정된 시각으로는 모든 일이 우연히 발생하는 것처럼 보일지 모르지만, 큰 관점에서 보면 생명이 펼쳐지는 과정에서 반드시 일어나야만 했던 필연이었던 것입니다.

대부분의 고대인은 운명의 종착지를 정의하려 시도하지 않았습니다. 그들은 인간이 궁극적으로 어디를 향해 가는지 알지 못했습니다. 단지 인간이 계속 성장하고, 더 깊은 통찰과 경험으로 더 좋은 것을 만들어내고, 먼 미래에는 완전하게 잠재력을 펼치게 될 것이라는 확신을 가졌을 뿐입니다. 잠재력을 완전하게 펼친다는 것은 시간과 공간, 물질과 영적 세상을 초월하여 영원히 존재하게 된다는 뜻입니다.

별자리, 인생의 과제를 출제하는 지도교사

영원의 개념에 대해서도 많은 관심을 가졌던 고대인은 신의 계획을 이해하고 그 계획에 참여하는 방법을 모색했습니다. 어떻게 하면 우주와 협력할 수 있을지 고민했습니다. 뭐든지 내키는 대로 다 하면서 무사할 수 있는 방법을 궁리하기보다는, 어떻게 해야 우주의 법칙을 지킬 수 있을지에 대해 사색했습니다. 법칙을 무시한 자유는 반드시 비극으로 이어진다는 것을 잘 알고 있었기 때문입니다. 인간은 글을 쓰고 읽는 방법을 고안하기도 전에 지속적인 관찰과 경험으로 도덕 관념을 정립했습니다.

인간은 누구나 특정 일자에 태어납니다. 첫 번째 지구여행인지, 오백 번째 방문인지는 알 수 없지만, 일단 옵니다. 하지만 완전히 속수무책의 상태에서 빈손으로 온 것은 아닙니다. 몸은 아직 제대로 가늘 수 없지만, 자라면서 내면의 생명을 표현할 기회가 점차 많이 주어집니다. 성인이 되어 발육이 멈추는 육신과는 달리 내면의 생명은 계속 성장하며, 인격과 양심을 지도하고, 본인뿐 아니라 모두가 행복한 세상을 만드는 일에 기여하도록 꿈과 이상을 심어줍니다.

육신이라는 거죽 안에서 성장하고 있는 생명이 바로 인류의 구세주이며, 지구상 모든 아기의 희망입니다. 옛날에는 아기가 태어날 때 의사를 초빙하거나, 의사를 구하기가 여의치 않을 때는 가족이 물시계 등을 이용하여 탄생의 시각을 기록했습니다. 명문가에서 귀한 아기가 태어나는 경우에는 천문을 볼 줄 아는 의사가 찾아와 아이를 받고 출생차트까지 작성했습니다. 그는 당시에 사용 가능했던 가장 정확한 방법으로 아기가 태어난 순간의 시와 분을 기록하고, 하늘의 의사에게 경의를 표한 후 즉시 집으로 돌아가 천체의 위치를 확인하며 차트를 작성했습니다.

당시의 의사-천문학자는 새로 태어난 아기의 차트를 작성한 후, 아기를 올바른 방향으로 지도하도록 도움을 주는 하늘의 지침서를 가족에게 전달했습니다. 부모에게 근거 없는 희망을 불어넣기 위해 미래에 있을 좋은 일만 전달한 것이 아니라, 가감 없이 있는 그대로, 솔직하게 다 털어놨습니다. 아기가 어린 나이에 죽을 수 있다는 것도 사실대로 얘기하고, 심각한 위험에 처하게 될 가능성에 대해서도 차분하게 설명하며 최선을 다해 조언했습니다. 제가 지금까지 직접 조사해 본 고대인의 출생차트 기록에는 아기의 불행한 미래를 암시하는 내용이 꽤 많이 있었습니다. 그들은 아기의 가족에게 좋은 말만 하며 안심시켜 주는 것에 그치지 않고, 오랜 발전을 통해 과학으로 자리잡은 지식에 근거하여 객관적이고 사실적인 분석 결과를 전해줬습니다.

의사-천문학자는 차트가 생명의 시작을 알리는 것이 아니라는 점도 분명하게 언급했습니다. 출생차트는 지구에 잠시 머무르다 가기 위해 찾아온 불멸의 존재가 이번 생에서 겪게 될 일들을 대략적으로 기록한 문서입니다. 출생차트에는 아기가 앞으로 어떤 방향으로 자라날지에 대한 '미래 예언'이 명시되어 있기 때문에 많은 사람이 미신으로 치부하거나 불편해합니다. 아이가 몇 살이 되면 이런 일을 할 가능성이 높고, 어떤 위험에 처하게 될 수 있고, 태생적으로 이런 재능과 저런 잠재력을 타고 났으니 어떤 직업을 갖고 전문분야에 진출하게 될 수 있다든지 등등. 아기가 태어난 순간부터 이런 미래의 정보를 기록한 고대의 문서가 수천여 건 남아있으며, 이 중에는 소름이 돋을 정도로 예언이 적중한 사례도 많습니다.

갓 태어난 아기의 미래가 담긴 출생차트를 보며 고대인은 운명론적 인생관의 위험성이라는 새로운 딜레마에 빠졌습니다. 미래를 예측할 수 있다면 인간에게는 자유의지가 존재하지 않는다는 말이 되기 때문입니다. 운명에 속박되어 "너는 이렇게 태어났으니 이런 일을 해야 한다."는 지침에 따라야 한다는 얘기가 됩니다. 고대인은 이 딜레마를 해결하기 위해 점성학에 환생과 카르마의 교리를 결합하여 운명과 자유의지를 설명했습니다.

위대한 가톨릭 철학자 토마스 아퀴나스[8]는 인간은 제한된 운명을 지니고 있다는 가설을 주창했습니다. 인간은 우주의 법칙이 지배하는 세상에서 살고 있지만, 그 틀 안에서 수많은 잠재적 가능성 중 하나를 택할 수 있는 자유의지도 가지고 있다는 이론입니다. 예를 들어, 인간은 퇴근 후 집으로 직행할 수도 있고, 귀가하지 않겠다는 선택을 할 수도 있습니다. 길을 건너기 위해 무단횡단을 할 수도 있고, 횡단보도를 이용할 수도 있습니다. 현대 점성학의 아버지인

---

8) St. Thomas Aquinas (1225 ~ 1274). 이탈리아의 도미니크 수도회 수사, 가톨릭 신부, 교회학자, 철학자, 신학자. 대표작 《대이교대전Summa contra Gentiles》, 《신학대전Summa Theologiae》.

알렉산드리아의 프톨레마이오스[9]는 운명과 자유의지를 동시에 가진 인간에게 작용하는 우주의 힘을 이렇게 설명했습니다. "별은 인간의 행동을 부추기기는 하지만 강제하지는 않는다.[10]"

그런데 이 '제한된 운명'은 인간에게 완전한 선택의 자유를 부여하지는 않습니다. 누구에게나 선택의 자유는 있지만, 자기가 아는 범위 내에서만 선택이 가능합니다. 태어나서 한번도 들어보지 못한 것을 선택할 수 있는 사람은 없습니다. 그리고 인간은 자기가 혐오하는 것을 자발적으로 선택하지 않으며, 아주 심각한 위기에 처해진 경우를 제외하고는 자기의

---

9) Claudius Ptolemy (100? ~ 170?). 고대 그리스의 수학자, 천문학자, 지리학자, 점성학자. 현대 천문학에서는 태양과 행성들이 지구 주위를 공전하고 있다는 천동설(天動說)을 주장한 대표적인 학자로 낙인이 찍혔지만, 기원전 6세기의 피타고라스도 태양이 태양계의 중심에 있다는 사실을 이미 알고 있었다. 고대인들이 지구를 태양계의 중심에 두고 세상을 설명했던 이유는 태양계의 물리적인 모습을 표현하기 위해서가 아니라, 별들과 행성들이 지구에 거주하는 인간들에게 미치는 개념을 단계적으로 설명하기 위함이었다. 고대인은 물질계의 4대 원소가 인간의 몸body, 지구를 둘러싸고 있는 일곱 행성이 인간의 혼soul, 일곱 행성 너머에 위치한 열두 별자리가 인간의 영spirit을 각각 상징한다고 보았고, 이 개념은 오르페우스의 사상, 유대교 신비주의 가르침인 카발라, 정확한 기원을 알 수 없는 타로 카드에도 묘사되어 있다.

10) "The stars impel, but do not compel."

성향과 신념에 배치되는 길도 택하지 않습니다. 위기 상황에서도 인간을 운명으로 이끌려는 힘은 작용하지만, 인간의 선택은 어디까지나 가능한 범위 내에서만 이루어집니다. '내가 할 수 있는 일'밖에 하지 못한다는 얘기입니다. 그런 관점에서 봤을 때, 자유의지가 제한되어 있다고 말할 수 있습니다.

즉, 제한된 운명은 나의 현재 심리 상태에 의해 정해지는 것입니다. 인간은 선택의 갈림길에 섰을 때 망설이고, 장단점을 따져보고, 하고 싶은 일과 해야 할 일 사이에서 갈등하고, 내면의 갈등을 해소하고, 본인이 생각해낼 수 있는 최선의 선택이자 유일한 선택을 내린 후 행동으로 옮깁니다. 결국 인간이 내리는 모든 선택과 결정은 '나의 상태'에 의해 정해집니다. 표면적으로는 완전한 자유의지를 행사한 것처럼 보이지만, 사실은 그 시점의 성장 수준에서 그런 선택을 할 수밖에 없었던 것입니다. 엄밀히 말하면 자유의지가 아닌 것입니다. 내가 그 시점까지 살면서 행한 것, 경험한 것, 배운 것들이 지금의 나를 만들었고, 그 상태에서 내가 내릴 수 있는 유일한 선택을 한 것입니다.

불투명한 미래를 맞이하고 있는 한 명의 인간을 넓은 관점에서 생각해 봅시다. 그는 지금까지 여러 차례의 생을 통해 많은 것을 습득했고, 앞으로도 수차례 환생하며 더 많은 것을 배우게 될 것입니다. 그는 그 기나긴 여정의 일부로 이 시점에 태어났습니다. 그 인간이 삶의 여정에서 지금 어디쯤에 와 있는지 생각해봐야 합니다. 점성학에서는 갓 태어난 아기가 여러 번의 전생을 통해 어떤 것을 배웠고, 어떤 재능을 계발했고, 얼마나 성장했는지 측정하기 위해 노력합니다. 이 아기가 장차 예술가가 될지, 과학계에 투신할지, 비교적 건강하게 천수를 누릴지, 아니면 다양한 질환을 앓으며 비실댈지 예측합니다.

인간은 전생에서 습득하고 축적한 성향, 기질, 조건, 그리고 이에 부합하는 운명을 지니고 태어납니다. 이 이론이 옳기 위해서는 세상에 태어나는 모든 인간이 성장의 긴 여정을 걷고 있는 영혼이라는 개념이 있어야만 합니다. 인간은 여러 번의 생을 거치면서 많은 것을 경험하고 알게 되었고, 아직 배우지 못한 것은 앞으로 계속 환생하면서 배워야 하고, 지금까지 갈고 닦은 인품과 영적 성장의 수준에 따라 이번 생의 삶이 정해진다는 가설이 있어야 합니다.

고대인은 인간의 독특한 성향과 기질, 재능과 결점이 출생차트에 기록되고, 인간이 실제로 차트에 기록된 것과 같은 삶을 살게 되는 경우가 많다는 사실을 확인한 후 사람은 다 다를 수밖에 없다는 결론을 내렸습니다. 사람마다 다른 데에는 합리적인 이유가 있어야 합니다. 자연이 임의로 그렇게 만든 것도 아니고, 조상으로부터 물려받은 생화학적 요인을 주범으로 지목할 수도 없습니다. 사람이 어떻게 생각하고 행동하는 데는 분명한 이유가 있습니다. 내 마음에 드는 설명으로는 부족합니다. 누구나 납득할 수 있는 이유여야 합니다. 무엇보다 우주에 영광을 더하고, 우주의 법칙이 공정함을 입증하고, 우리가 확신할 수 있는 정직하고 합리적인 이유여야만 합니다. 신의 저주를 받아 피해자가 되었다는 신세타령으로 회피할 수는 없습니다. 나는 고통 받기 위해 태어났다는 절망적인 자기 학대도, 오로지 눈물 흘리며 벌을 받기 위한 목적으로 태어났다는 비관주의로도 설명될 수 없습니다. 내가 보다 선하고 성숙한 사람으로 발전하도록 이끄는 이유여야 합니다.

점성학과 환생의 관계

이 의문을 푸는 해법으로 제시된 카르마의 법칙을 받아들이지 못하는 사람도 많고, 처음 접하고 나서 왠지 그 말이 옳다는 느낌을 지우지 못하는 사람도 많습니다. 카르마의 법칙은 인과관계의 법칙을 도덕과 인간의 행동에 적용한 것으로, 현재의 행동은 과거 행동의 결과이며, 미래의 행동은 현재 행동의 결과가 되어 나타난다는 원리를 골자로 하고 있습니다. 모든 인간은 전생에서 성취한 것과 실패한 것, 이해한 것과 이해하지 못한 것을 다 들고 태어난다는 의미도 담겨 있습니다. 즉, 지난 번 생이 끝난 시점에서 다시 인생의 여정을 이어가는 것입니다. 따라서 이번 생에서는 전생에서 피하려고만 했거나 끝내지 못한 과제에 다시 도전하여 인격을 함양하고 성장을 지속해야 합니다.

  육신이 죽고 나면 고달프고 힘들었던 삶에서 비로소 해방될 수 있다고 생각하는 사람이 많습니다. 60, 70, 80년 동안 세상의 쓴 맛을 보고 지칠 대로 지친 사람의 입장에서는 모든 것이 끝난다는 생각이 달콤한 유혹처럼 느껴질 수도 있습니다. 죽는 것 외에는 달리 해결 방법이 없다고 생각될 정도로 힘든 곤경에 처해있는 사람도 있습니다. 생명의 끈을 잘라 버림으로써 갚지 못한 빚과 카르마를 모두 남에게 떠넘기고 다 끝내버렸으면 하는 마음도 들 수 있습니다.

하지만 자포자기의 심정으로 땅바닥에 던져버렸던 것들을 언젠가는 다시 주워담아 매듭을 지어야 합니다. 뿌린 대로 거둔다는 진리를 깨달아야만 합니다. 한 번의 삶에서 다 거둬들일 수 없기 때문에 다시 태어나야 합니다. 다음 생에서 카르마를 해소할 수 있는 기회가 주어지지 않는다면 인생의 가치가 퇴색됩니다. 내가 이번에 저지른 실수를 만회할 수 있는 상황이 다시 주어져야 합니다. 새로운 기회가 주어지지 않으면 지금까지 애써 배운 것들이 다 무용지물이 됩니다.

 자연의 모든 것은 어떤 의미를 내포하고 있습니다. 우리가 세상에 온 것은 삶의 과제를 수행하기 위함이며, 고대인은 우리가 그 과업을 완수할 때까지 계속 태어나야 한다고 생각했습니다. 주어진 과제를 정복하고 시험을 통과해야 비로소 카르마의 굴레에서 완전히 벗어날 수 있다는 것입니다. 성장을 통해 삶을 초월할 수는 있지만, 싫다는 이유로 삶을 피할 수는 없습니다. 도망칠 수도 없습니다. 해야 할 일을 끝내야만 해방될 수 있습니다. 한 번의 생으로는 불가능합니다. 자연은 인간에게 그 일을 해낼 수 있는 능력이 있기 때문에 우리에게 그런 과제를 줬고, 우리는 일을 마치는 그날까지 지구학교에 등교해야 합니다.

카르마의 교리를 부정적인 운명론으로 여기는 사람도 많습니다. 인간은 계속 죄를 범하면서 형벌에 시달릴 수밖에 없다는 우울한 생각입니다. 하지만 고대인은 자연에서 관찰한 순환의 법칙을 상기하며 인간이 다시 환생하더라도 같은 조건으로 두 번 태어나는 경우는 없다고 설명했습니다. 모든 인간은 전생의 경험을 통해 조금이라도 더 성숙한 상태로 태어난다는 것입니다. 인간의 삶도 자연처럼 순환을 거듭합니다. 평생 성장을 거부하는 인생을 살았다 하더라도 언젠가는 자신의 실수를 다시 대면해야 합니다. 인간은 성장의 과정에서 두 갈래의 길 중 하나를 택할 수 있습니다. 첫째는 성장의 운명을 긍정적으로 받아들이며 즐거운 마음으로 삶의 과제를 수행하는 것이고, 둘째는 불필요하게 비극을 자초하고 스스로에게 채찍질을 가하며 반 강제적으로 깨달음을 얻는 체벌형 옵션입니다. 어떤 경우든 성장은 하게 되어 있습니다. 자연이 그렇게 법을 정해 놨습니다. 그리고 밤하늘을 운행하는 별들은 인간의 과업을 멀리서 지켜봅니다.

고대인은 점성학으로 개인의 인생을 예측할 수 있다고 보았습니다. 그의 장점과 단점을 파악하고, 삶에서 문제를 일으킬 소지가 있는 성향과 기질, 고도로 발달하여 두각을 나타낼 가능성이 높은 천부적 재능, 손보지 않고 방치하면 비극을 초래할 수 있는 결점 등을 파악함으로써 인간의 현재 상태를 점검할 수 있다고 생각했습니다. 또 한 번의 생을 맞이하기 위해 아기의 몸으로 들어온 나이 많은 영혼의 성장 진척도를 검토함으로써 인생의 방향을 설계할 수 있다고 생각한 것입니다.

플라톤에 따르면 인간은 '필요성의 원칙Principle of Necessity'에 따라 육신을 가진 존재로 태어난다고 합니다. 모든 인간은 영적 성장을 위해 필요한 가장 적절한 시점과 장소에 태어난다는 것입니다. 인간은 필요에 따라 자기에게 걸맞은 육신을 걸치게 되고, 자연과 우주의 정확한 움직임에 맞춰 설정된 조건을 갖추고 세상에 옵니다. 그의 생물학적 특성과 심리적 성향도 필요한 것을 성취하기 위해 최적의 상태로 맞춰집니다. 수많은 전생을 통해 만들어진 나는 그 시점, 그 장소에서 태어날 수밖에 없었던 것입니다.

이게 만약 사실이라면 우주는 정확해야 합니다. 우리는 삶에서 일어나는 모든 일이 우연이기를 간절히 소망합니다. 별다른 노력을 기울이지 않더라도 언젠가 우연히 나에게 좋은 일이 일어나기를 바라고, 우주가 완벽하고, 공정하고, 정확하다는 만고의 진리는 외면하고 싶어합니다. 하지만 천체 망원경으로 수

많은 생명이 진화하고 있는 은하계를 관찰해봐도, 현미경으로 육안으로는 볼 수 없는 작은 우주를 들여다봐도, 인체의 세포 구조, 원자와 분자를 조사해봐도 자연은 항상 정확하다는 진리를 부정할 수 있는 방법은 없습니다. 우주의 모든 것을 완전하고 완벽하게 처리하는 자연은 인간의 상상을 초월하는 기술과 지혜로 각양각색의 형상을 만들어내며, 자연이 보호하고 보존하는 영원한 생명 안에서는 영원한 법칙이 영원히 작용합니다. 헤아릴 수 없이 많은 천체와 원자의 운행을 관장하는 대자연의 입장에서 인간의 영혼이 적재적소에 태어나도록 조치를 취하는 것은 일도 아닙니다. 자연의 절대적인 법이 절대적으로 작용하고 있다고 가정하면 인간의 운명과 환생의 개념도 쉽게 설명됩니다.

점성학으로 전생을 알 수 있을까?

환생과 카르마의 교리가 점성학자의 관심을 불러

일으킨 요인이 또 있습니다. '출생차트로 인간이 이번 생에서 맞게 될 운명뿐 아니라, 어디에서 왔는지도 알아낼 수 있을까?'라는 의문입니다. 인도와 동양 점성학에서는 출생차트로 아기의 전생까지 분석하는 일이 이미 일상으로 자리를 잡았습니다. 차트에서 전생을 보는 것이 정말 가능할까요? 고대인은 점성학뿐 아니라 다양한 성격분석 기법으로도 전생을 파악할 수 있다고 보았습니다. 사실 현대의 심리분석 기법으로도 전생을 알 수 있습니다. 심리학자가 수행하는 각종 테스트는 내가 누구인지를 규명하는 데 초점을 두고 있습니다. '나는 누구인가?'라는 질문의 핵심은 '나는 어디에서 왔는가?'와 '여기까지 오는 데 얼마나 걸렸나?'로 압축될 수 있습니다. 심리분석을 잘 활용하면 빠르게 성장하고 있는 영혼과 다소 더딘 속도로 성장하며 뒤쳐진 영혼도 분별할 수 있습니다.

인간은 누구나 동등한 잠재력을 지니고 있지만, 그 잠재력을 실현하는 능력은 사람마다 다릅니다. 모든 인간은 동일한 영적 성분과 본질로 창조되었고, 같은 영광의 소망을 내면에 품고 있습니다. 예외가 없습니다. 하지만 학창 시절만 떠올려봐도 모든 학생이 꼭 같은 시점에 결승선에 도달하는 것은 아니라는 사실을 쉽게 알 수 있습니다. 같은 스승에게 배웠더라도 성적은 학생마다 다릅니다.

일반적으로 배우려는 열정이 강한 학생일수록 좋은 성적을 거둡니다. 신체적, 정신적 장애를 안고 태어난 아이처럼 예외적인 경우도 더러 있지만, 시간과 노력을 들여 교사의 설명에 귀를 기울이는 학생은 대체로 공부를 잘하고, 수업을 못마땅해하며 최대한 숙제를 피하고 놀 생각만 하는 학생은 좋은 성적을 얻지 못합니다. 인생도 마찬가지입니다. 근면성실하고, 사려심 깊고, 좋은 의도를 가지고 매사에 최선을 다해 사는 사람이 있는가 하면, 인생은 놀고먹기 위해 존재하는 것이라고 생각하는 사람도 있습니다. 이런 사람은 요람에서 무덤까지 신나게 놀기 위해 필사적으로 노력하다가 결국 한평생 우울하게 세월을 보냅니다.

　세상에는 전생에서 열심히 공부했던 우등생도 있고, 학생주임의 골치를 썩였던 문제아도 있습니다. 특정 분야의 권위자였던 사람도 있고, 별볼일 없었던 사람도 있습니다. 갓 태어난 아기의 차트를 분석하면 이런 기본적인 정보를 파악할 수 있습니다. 다른 방법으로는 다섯 세대 동안 음치만 배출한 가문에서 천재적인 음악가가 탄생하는 현상을 설명할 수 없습니다. 휘황찬란한 역사와 전통을 지녔고, 기회라는 기회는 다 주어지는 귀족 가문에서 태어난 금수저가 양질의 교육과 학벌에도 불구하고 천하의 망나니로 자라나는 것도 이해하기 어려운 수수께끼입니다. 유복한 가정에서 자란 아이가 커서 범죄자가 되고, 불우한 가정에서 자란 아이가 성인군자가 되는 것 역시 "그게 다 신의 뜻이다."는 식으로 얼버무리는 것 외에는 달리 설명할 방도가 없습니다.

이 상황을 조금 더 깊게 들여다보면 이유를 알 수 있습니다. 인간은 자신의 행동에 대해 책임을 져야 하고, 지금의 나는 과거의 행동(좋은 행동이든 나쁜 행동이든)이 쌓이고 쌓여 만들어진 결과물이라는 카르마의 법칙이 옳다면, 내가 나인 것은 바로 나 때문입니다. 나의 현재 모습이 바람직하지 않다면 앞으로 해야 할 일이 많이 남아있다는 뜻입니다. 어떤 상황에 처해있든 간에, 내가 한 일에 대해서는 내가 책임지는 것이 유일하고 솔직한 해법입니다. 내가 저지른 잘못은 내가 바로잡아야 합니다. 지구학교를 졸업하려면 모든 필수 과목을 충실하게 이행하고 시험을 통과해야만 합니다. 조기 졸업하는 학생도 있고, 수 차례의 낙방 끝에 턱걸이로 졸업하는 학생도 있습니다. 2,000여년 전에 이미 학업을 끝낸 위대한 성인들도 몇몇 있습니다. 이들은 자기의 한계를 명확하게 인식했고, 그 한계를 극복하기 위해 열심히 노력하면서 최종 목적지에 도달한 자들입니다.

명확한 법칙에 따라 돌아가는 이 세상은 아주 살만한 곳입니다. 공정성과 정의가 지배하고, 우리가 마음만 먹으면 얼마든지 지상천국으로 가꿀 수 있는 조건을 다 갖추고 있는 곳입니다. 저는 현 세대가 환생과 카르마의 법칙을 이해하고 진리로 받아들일 것이라는 희망을 가지고 있습니다. 그리 된다면 인류의 역사가 바뀔 것입니다. 우주의 법칙과 인간의 법을 상습적으로 깨고 잔혹하게 민중을 핍박하는 독재자들이 나중에 큰 대가를 치러야 하는 일도 줄어들 것입니다.

　세속의 권력과 명예가 대대손손 기억될 것이고, 죽고 나면 걱정하거나 두려워할 미래도 함께 사라진다는 근거 없는 희망을 가진 사람이 많기 때문에 독재가 판을 치는 것입니다. 독재자가 자기의 만행이 천국의 역사책에 영구적으로 기록되고, 언젠가는 우주의 심판을 받고 정당한 대가를 치러야 한다는 진리를 확실하게 이해하면 적군 대신 자기의 못남을 두려워하게 될 것입니다. 다수가 이런 사고방식을 삶의 신조로 삼으면 지금보다 훨씬 좋은 세상이 만들어질 수 있습니다.

어차피 오래 가지도 않을 권력을 유지하기 위해 민중을 핍박하는 독재자들이 환생과 카르마의 신봉자가 되면 금세 세상이 밝아질 것입니다. 이들의 지배를 받고 있는 시민의 삶도 나아질 것입니다. 서방의 기업가, 경제학자, 정치지도자도 마찬가지입니다. 이들에게 환생과 카르마에 대한 교육을 실시하면 영구적인 평화가 정착될 수 있을 것입니다. 인간의 영혼에 평온이 깃들기 위해서는 세상이 평화로워야 합니다. 올바르게 행동하는 법을 배우고 자연의 순리대로 차분하게 앞으로 나아가야 환생을 한 후에도 행복하고, 평화롭고, 안전하고, 성장하는 삶을 영위하며 카르마를 갚을 수 있습니다. 물질 세상에서 행복하기 위해서는 행복의 자격을 얻어야 하며, 그 이전에 무지와 타협으로 얼룩진 고통의 굴레에서 탈출부터 해야 합니다.

오래된 사상에서 우리가 배울 수 있는 것이 참 많습니다. 동양 점성학에서도 이 문제를 풀기 위해 많은 노력을 기울였습니다. 오래전부터 전해져 내려온 전통적 점성학에서는 인간이 태어난 날의 태양 별자리[11]보다는 상승 별자리[12] 또는 12궁도의 첫 번째 궁이 출생차트를 지배한다고 설명합니다. 고대인과 동인도의 점성학자들은 동쪽 지평선의 별자리가 현재(현생)를 의미한다고 생각했습니다. 상승 별자리에 의해 이번 삶에서 경험하게 될 일의 윤곽이 정해지고, 전생에서 가져온 경험과 교훈으로 새로운 도전에 맞서게 된다는 것입니다. 빈손으로 세상에 오는 사람은 없습니다. 모든 인간이 이전 생에서 모은 영적 자산과 잠재력을 한 보따리 짊어지고 태어납니다.

---

11) 태양 별자리. 태어난 날짜를 기준으로 정해지는 별자리로, 인간의 기본적인 성격, 기질, 심리상태와 관련이 있다. (태양 별자리는 1년 중 대략 1개월 간격으로 바뀐다.)
12) 상승 별자리, Ascendant. 인간이 태어나는 순간 동쪽 지평선에 떠 있는 별자리. 인간이 태어난 시간에 따라 달라지는 별자리로, 이번 삶의 경험과 관련이 있다. (상승 별자리는 하루 중 2시간 간격으로 바뀐다.)

제가 아동심리학 분야의 권위자들과도 이 문제를 논의한 바 있습니다만, 학계에서도 아이가 완전히 백지 같은 의식 상태로 태어난다는 것은 말이 안 된다고 생각하는 사람이 늘고 있습니다. 태어나기 전에 누군가가 이미 캔버스에 낙서를 해 놓은 상태이고, 태어나는 순간에 아기가 정신 질환을 가지고 있는지 아닌지도 이미 정해져 있다는 것입니다.

사랑으로 가득한 가정에서 지혜로운 부모 아래 태어난 아기는 선천적으로 신경증을 안고 있더라도 재앙을 피해갈 수 있습니다. 신경증의 씨앗을 품고 있는 아이도 가정교육을 잘 받으면 사회생활 하는데 문제가 없는 정상적인 성인으로 자라날 수 있습니다. 하지만 그대로 방치하면 나중에 자신을 포함한 모든 주변인에게 고통을 안겨주는 골치덩어리가 될 수 있습니다. 의식 속에 잠복해있던 부정적인 특성이 밖으로 터져나올 수 있는 환경이 조성되어 아이를 자극하면 신경증이 현실화됩니다. 이때부터 극복하기 어려운 도전과제가 주어지는 것입니다.

　모든 아기는 독특한 성품과 기질을 갖고 태어납니다. 부모가 할 수 있는 일은 아이의 장점을 관찰하고, 키우고, 아이가 독립적으로 기능할 수 없는 어린 시절에 자연스러운 도움을 주는 것입니다. 하지만 부모가 아이에게 새로운 성향을 주입하거나 원래 가지고 있던 성향을 완전히 없애버릴 수는 없습니다. 아이의 성향 자체는 있는 그대로 존재하는 것이고, 부모가 할 수 있는 것은 아이가 어떤 방향으로 나아가도록 영향을 주는 것뿐입니다. 장점을 최대한 살릴 수 있도록 지도해줌으로써 아이가 자기에게 주어진 과제에 효과적으로 대응할 수 있는 확률을 높여주는 것입니다. 부모는 아이가 가지고 있는 잠재력의 한도 내에서만 도움을 줄 수 있습니다. 아이의 잠재력을 명확하게 이해하고, 그 잠재력을 온전히 발휘할 수 있도록 이끄는 것이 부모의 역할입니다. 많은 현대인이 아이의 태생적인 성향과 기질, 재능과 장단점을 이해하기 위해 점성학의 도움을 받고 있습니다.

고대 점성학자들의 설명대로 출생차트의 첫 번째 궁이 이번 생을 상징한다면, 상승 별자리 바로 이전의 별자리인 열두 번째 궁은 전생에서의 삶을 의미합니다. 릴리[13]와 개드버리[14] 같은 서양의 마스터 점성학자에 따르면 열두 번째 궁은 비밀, 질병, 구속, 유배, 그리고 '부정적인 운명'을 상징한다고 합니다. 서양 점성학에서는 삶의 불행을 한데 모은 곳이 바로 열두 번째 궁이고, 동양 점성학에서는 이 곳이 전생을 의미한다고 얘기합니다. 전생에서 쌓은 부정적인 카르마도 열두 번째 궁에 들어가므로 동서양의 관점이 유사하다고도 볼 수 있을 것 같습니다.

따라서 이 이론에 따라 바퀴처럼 생긴 원형 차트를 반 시계방향으로 한 시간 돌려 열두 번째 궁이 상승 별자리 위치에 오도록 배열하면 전생에서의 삶을 대략적으로 파악할 수 있습니다. 아기가 전생에서 가

---

13) William Lilly (1601 ~ 1681). 영국의 점성학자. 대표작 《Christian Astrology》.
14) John Gadbury (1627 ~ 1704). 영국의 점성학자.

그림 1. 출생 차트

1 하우스	삶의 시작, 유년기의 환경, 성격, 육체. 양자리 특성 일부.
2 하우스	경제적 상황, 소유물, 투자. 황소자리 특성 일부.
3 하우스	형제, 이웃, 하위 정신, 글쓰기, 단기 여행, 소통, 가정환경, 인지 능력, 적응력. 쌍둥이자리 특성 일부.
4 하우스	인생 후반기의 여건, 남자의 경우 어머니, 여자의 경우 아버지, 집, 토지, 광산, 유전적 성향. 게자리 특성 일부.
5 하우스	교육, 자녀, 연애, 쾌락, 투기, 적법한 성관계. 사자자리 특성 일부.
6 하우스	건강, 남자의 경우 외가의 어른, 여자의 경우 친가의 어른, 봉사, 노동, 직장상사와 직원과의 관계. 처녀자리 특성 일부.
7 하우스	배우자, 동업자, 대중, 송사의 상대, 라이벌, 계약과 합의. 천칭자리 특성 일부.
8 하우스	죽음, 유산, 배우자의 재정상태, 영적 부활, 신비주의에 대한 공부, 지참금. 전갈자리 특성 일부.
9 하우스	종교, 철학, 장기 여행, 법조계, 사돈, 상위 정신, 상업. 사수자리 특성 일부.
10 하우스	직업, 지위, 남자의 경우 아버지, 여자의 경우 어머니, 영향력. 염소자리 특성 일부.
11 하우스	친구, 동반자, 의붓자식, 사업 수익, 사회적 협력, 사람을 대하는 자세. 물병자리 특성 일부.
12 하우스	카르마의 책임, 제약 요소, 불우이웃을 돕기 위한 시설, 교도소, 유배, 감각의 손상, 비밀의 적, 자기파멸. 물고기자리 특성 일부.

졌던 출생차트를 간단하게 재현하는 방법입니다. 열두 번째 궁이 이번 생에서 내면에 잠재된 보이지 않는 성향을 상징하므로 기억에서 사라진 전생의 산물을 의미한다는 가설에도 일리가 있습니다. 지금은 내면 깊은 곳에 숨어있는 상태이지만, 전생에서는 그 성향이 밖으로 드러났었다는 얘기입니다.

이렇게 출생차트로 전생을 분석하여 내가 이전 생에서 어떤 과제를 받았었는지, 왜 그 과제를 풀지 못했는지, 또는 어떻게 내면의 잠재력을 발휘하여 과제를 완수했는지 점검해볼 수 있습니다. 내가 지금 가지고 있는 잠재력과 장단점도 확인해볼 수 있습니다. 이번 생에서 내면의 자산을 잘 활용하지 못하면 잘할 때까지 또 고생해야 합니다. 열두 번째 궁을 분석하여 내가 앞으로 갚아야 할 카르마, 이번 생에 들고 온 빚더미와 청산해야 할 과제에 대한 단서도 확인할 수 있습니다.

카르마의 빚을 갚는 유일한 방법은 인격의 성장입

니다. 내가 아직 갚지 못한 빚이 나의 의식 수준을 정하는 것입니다. 이처럼 열두 번째 궁을 통해 알아낼 수 있는 것들이 많습니다. 내가 예전에 마무리하지 못한 일, 나의 앞길을 가로막았던 장애물, 내가 이번 생에서 꼭 경험하고 해결해야 할 일이 열두 번째 궁에 기록되어 있습니다. 앞서 설명했듯이, 출생차트를 반 시계 방향으로 돌려 열두 번째 궁이 상승 별자리에 오도록 하고 그 상태에서 행성과 천체의 위치 등을 다시 해석하면 됩니다.

같은 원리로 두 번째 궁을 분석하면 다음 생에 대한 감을 잡을 수 있습니다. 현대 점성학에서 두 번째 궁은 일반적으로 부 또는 성공을 의미합니다만, 옛날에는 '올바른 운명의 실현'도 포함되어 있다고 생각했습니다. 다시 말해, 두 번째 궁에는 우리가 우주의 법을 지키며 카르마의 빚을 청산하고, 새로운 빚을 만들어내지 않았을 때 어떤 행운과 풍요가 뒤따르는지에 대한 정보가 기록되어 있습니다.

철학적인 부는 내가 얼마나 가지고 있는지가 아니라, 내가 어떤 사람인지를 기준으로 정해집니다. 훌륭한 인격의 소유자가 진짜 부자입니다. 유럽에서는 이 개념이 완전히 왜곡되어 은행 잔고가 부를 상징하게 되었습니다만, 우주 은행의 잔고는 우리가 여러 생을 경험하면서 얻은 교훈과 성장의 수준과 관련이 있습니다. 물질 세상의 돈은 어차피 나이가 들수록 점차 가치가 퇴색되어 마지막에는 아무런 의미도 갖지 못합니다.

역사의 순환

지금까지의 설명을 통해 점성학과 환생/카르마의 관계를 어느 정도 이해하셨으리라 생각합니다. 이 두 개념은 서로 긴밀하게 연결되어 있으며, 둘 중 하나를 이해하면 다른 하나에 대한 통찰도 깊어집니다. 생명의 순환과 우주의 운행도 알 수 있습니다. 이 순환에 의해 오래전에 몰락했던 문명이 부활하고, 고대에 흥성했던 민족이 다시 인류 역사의 중심에 설 수도 있습니다. 역사의 중요한 이정표는 우주의 순환주기에 맞춰 적절한 시점에 솟아오릅니다. 따라서 미래에 로마 제국이 재건될 수도 있습니다. 그리스 철학의 시대가 부활할 수도 있고, 아시아 철학의 황금기가 부흥을 맞게 될 수도 있습니다. 전쟁과 정복의 시대도 다시 찾아올 수 있습니다.

서양음악 사상 최고의 작곡가들이 18~19세기 유럽의 같은 지역에서 활동했었다는 것을 떠올리며 참 신기하다는 생각이 들 때가 있습니다. 그 200년이라는 기간을 제외하면 서양이 음악의 역사에 기여한 바가 그리 많지 않습니다. 서양 음악의 발전은 대부분 그 짧은 시기에 이루어졌습니다. 제가 얼마 전에 읽은, 중국의 어느 유명한 문화학자가 쓴 글에도 비슷한 내용이 나옵니다. 그의 말에 따르면 중국의 예술에도 사이클이 있다고 합니다. 중국 예술의 황금기는 대략 서기 4세기부터 시작해서 10세기경에 끝났으며, 그 이후에는 창의적인 예술 작품이 나오지 않았다는 것입니다. 중국에서 예술가들이 갑자기 사라진 것은 물론 아니지만, 그 이후부터는 기존의 작품을 모방하는 수준에서 벗어나지 못했다는 것이 작가의 설명입니다. 건축 분야도 마찬가지입니다. 건축의 발달은 기원전 4,000~2,000년경에 최고봉에 이르렀고, 최첨단이라 불리는 오늘날의 현대 건축기술도 그 근처에 가지 못합니다.

이처럼 세상은 돌고 도는 시간과 시대의 순환에 맞춰 움직입니다. 큰 전쟁이 터지는 시기도 있고, 자연재해가 몰려서 찾아오는 시대도 있습니다. 세상만사가 사이클에 따라 움직이고, 인류의 도덕과 문화도 이 사이클과 맞물려 돌아갑니다. 지난 역사만 봐도 확실하게 알 수 있습니다. 세상의 순환이 과학을 바탕으로 하고 있다는 점도 흥미롭습니다. 시간이 시작된 이래 인과관계의 법칙이 우주 전체에 작용하고 있으며, 수학적 질서에 따라 움직이는 세월을 측정하기 위해서는 이에 걸맞은 시계가 필요합니다.

그 시계가 바로 천문학입니다. 시대와 같은 큰 단위를 측정할 수 있는 시계는 천문학뿐입니다. 긴 세월을 정확하게 재기 위해서는 플라톤 년[15]과 같은 큰 시스템이 필요합니다. 천문을 읽고 해석하여 우주의 법이 집행되는 것을 관찰하고 기록할 수 있으며, 그 원리를 파악하여 세상에서 일어나는 각종 사건사고 간의 상관관계와 빈도를 측정하면 미래에 벌어질 일도 과학적인 방법으로 예측할 수 있습니다.

점성학이든 환생과 카르마든, 하나에 대한 이해가 깊어지면 자연 법칙의 보편성, 공정성에 대한 확신과 자신감이 생겨납니다. 우주의 법을 이해함으로써 정직하게 살고, 품위를 유지하면서 삶의 책무를 이행하고, 나의 행동에 대해 기꺼이 책임을 지고, 우리가 존재하는 진짜 목적을 향해 나아갈 수 있습니다. 우리의 진짜 목적은 차분한 마음으로 자기를 계발하고, 소중하고 가치 있는 모든 것을 보존하고 보호하기 위

---

15) Platonic Year, Great Year. 세차 운동의 주기. 약 25,920년.

해 협력하는 것입니다. 위대한 꿈과 신념, 이상주의의 과학을 근간으로 한 법칙, 지혜롭고 선량한 우주의 정신에서 나온 정확한 계획을 인지하고 순응하면서 함께 나아갈 수 있습니다.

인간보다 위에 있는 규칙과 법을 익힘으로써 진짜 문제에 대한 진짜 해결책을 찾아내고, 우리가 옳다고 생각하는 원리를 지켜내기 위해 당당히 거짓에 맞설 수 있습니다. 우리는 성장하기 위해 이곳에 왔다는 생각으로 마음의 위안을 얻고, 지구라는 학교에서 공부할 수 있는 특권과 축복을 받은 영혼들이라는 사실을 다시 한번 되새기기를 바라면서 강의를 마칩니다. 감사합니다.

Ⅱ. 무덤 너머의 세상에 관하여

《진리의 여신, 마아트Maat의 전당에서 망자의 영혼을 측량하는 장면》

죽음 이후의 세상

오늘은 모든 인간이 언젠가는 마주해야 할 궁극의 질문을 주제로 강의를 진행해볼까 합니다. 바로 불멸의 신비에 관한 것입니다.

'죽음'이라는 생리학적 현상을 설명하는 관점과 해석은 다양합니다. 오래전부터 세계의 여러 문화권에서는 인간의 육신이 소멸하면 새로운 형태로 전환되어 눈에 보이지 않는 미지의 영역에서 존재를 지속한다고 생각했습니다. 실물 크기의 신하와 병사들을 흙으로 빚어 땅속에 묻은 중국의 황제도 비슷한 생각을 했었습니다. 하지만 돌처럼 단단한 모형이 사후에 자기를 섬길 것이라고 순진하게 믿었던 것이 아니라, 육신의 죽음 이후에 신비스러운 현상이 일어나 실물 크기의 석상이 다시 살아나리라 생각했던 것입니다. 이승의 궁정 전체를 사후세계로 옮겨갈 수 있다고 믿었던 것입니다.

고대 이집트에도 비슷한 풍습이 있었습니다만, 상

징적인 측면이 조금 더 강했습니다. 이집트의 사후세계인 엘리시온[16]은 이집트 자체의 복사판이었습니다. 엘리시온은 아름다운 땅과 강, 선량한 시민, 호화로운 궁전과 사원 등, 당시 찬란했던 이집트의 도시를 그대로 옮겨놓은 곳이었습니다. 이집트의 파라오와 귀족은 사망 후 생전에 거느렸던 수행원, 궁정 신하, 막대한 재산의 축소판과 함께 무덤에 매장되었습니다. 사후세계에서도 왕 노릇을 하기 위함이었습니다. 이집트의 사후세계는 지하에 있었습니다. 육신의 사망 후 인간의 영혼은 아름다운 지하세계에 입장하여 그곳을 다스리는 위대한 신, 오시리스[17]의 심판을 받았습니다. 오래된 문헌에 따르면 애완동물도 망자와 함께 지하세계로 갔다고 합니다. 이처럼 인간은 육신이 사망한 후, 생전과 같은 모습으로 보이지 않는 세

---

16) Elysian Fields, Elysium. 그리스 신화에 등장하는 사후세계로, 하데스Hades와는 달리 신과 관련이 있는 사람과 영웅들이 사후에 가는 곳으로 알려졌다. 고대 그리스의 역사가 디오도로스Diodorus에 따르면 엘리시온의 개념은 이집트에서 유래되었다고 한다.

17) Osiris. 사후세계, 지하세계, 환생을 관장하는 이집트의 신. 신화에 따르면 오시리스는 형제 세트Set에게 죽임을 당한 후 지하세계를 다스리게 되었으며, 그의 부인 동정녀 이시스Isis는 오시리스의 성령으로 잉태하여 구세주 호루스Horus를 낳았다고 한다.

상(저승)에 간다는 믿음이 세계 곳곳에서 공통으로 발견됩니다.

오늘날 우리에게 익숙한 천국과 지옥의 개념은 비교적 근래에 만들어졌습니다. 대부분의 고대 문명은 지옥의 개념을 가지고 있지 않았습니다. 구스타브 도레[18]의 그림처럼 죽음의 어두운 색채가 진하게 배어 있는 단테[19]의 지옥은 없었습니다. 고대인의 '지옥'은 그림자와 같은 곳이었습니다. 이승 너머의 세상은 있지만, 끔찍한 고통과 형벌만 있는 지옥에 떨어질 정도로 사악한 사람은 없다고 믿었습니다. 고대 그리스인 역시 수백 년 동안 귀신의 세상 이외의 사후세계는 존재하지 않는다고 생각했습니다. 인간이 죽으면 귀신이 되어 그 상태로 영원히 산다고 믿었던 것입니다. 하지만 후대의 피타고라스, 플라톤, 아리스토텔레스 같은 철학자들은 죽음에 대한 기존의 사상을 받

---

18) Gustave Dore (1832 ~ 1883). 프랑스의 화가, 판화 제작자, 삽화가, 만화가, 풍자만화가, 조각가.
19) Alighieri Dante (1265 ~ 1321). 지옥, 연옥, 천국의 모습을 묘사한 대표작 《신곡Divine Comedy》으로 유명한 이탈리아의 시인, 작가.

아들이지 않았고, 그 후 사후세계에 대한 새로운 개념이 정립되었습니다.

이승 너머의 세상과 물질 세상이 거의 같다고 여겼던 이집트와 페니키아[20]인들은 인간이 죽은 후에 저승에 가서 생전에 하던 일을 계속한다고 생각했습니다. 이승에서 농사를 지으며 생계를 유지했던 농부는 사후세계에서도 밭을 갈며 소일을 한다는 것입니다. 생전에 자기에게 돈을 빌리러 온 사람을 절대로 속이지 않았던 양심적인 대금업자에 관한 일화도 있습니다. 정직하고 선량했던 이 대금업자는 죽은 후 천국의 문 앞에 탁자를 설치하고 앉아서 급전이 필요한 천국 시민들에게 돈을 빌려주는 특권을 누렸다고 합니다. 물질 세상에 살면서 항상 꼼꼼하고 정직하게 일을 처리했기 때문에 사후에 그런 보상을 얻은 것입니다.

원시 부족처럼 인간은 육신이 죽는 순간에 사후세

---

20) Phoenicia. 기원전 2,500년경부터 기원전 539년까지 오늘날의 레바논을 중심으로 융성했던 지중해 문명으로, 해상무역을 개척한 것으로 유명하다.

계에서 새로 태어난다고 믿었던 부류도 있었습니다. 오늘날 서반구에도 이런 믿음을 보존하고 있는 사회가 많이 있습니다. 이들은 망자의 시신을 배아의 모양으로 매장했습니다. 땅이 두 번째 출생을 위한 자궁 역할을 할 수 있도록 배려한 것입니다. 세계 각지에서 이런 형태로 시신이 매장된 무덤의 사례를 다수 발견할 수 있습니다.

고대인은 인간이 죽기 전에도 사후세계를 탐험할 수 있다고 믿었습니다. 미국 남서부 지방의 인디언과 고대 아일랜드인을 대표적인 사례로 들 수 있습니다. 옛 아일랜드인들은 현자와 성자가 살아있는 동안 사후세계를 방문하여 환대를 받고, 도움과 지도가 필요한 중생을 위해 천국의 메시지를 전달하는 능력을 가지고 있었다고 믿었습니다.

죽음이 끔찍하고 무서운 모습으로 묘사되기 시작한 것은 비교적 근래의 일입니다. 고대인은 죽음을 불행으로 여기지 않았습니다. 인간의 상태가 바뀌는 것에 불과하다고 생각했습니다. 상태가 바뀌었다고 해서 인간의 본성까지 바뀌는 것은 아니고, 단지 다른 차원에서 삶을 계속 이어간다는 개념이었습니다. 육신의 죽음 후에는 지구학교가 아닌 새로운 학교에서 계속 배워야 한다고 생각했던 것입니다.

세계 거의 모든 지역에서 이런 전통이 발견됩니다. 포키프시[21]의 선지자이자 미국의 초기 강신론자였던 앤드루 잭슨 데이비스[22]는 '서머랜드[23]'의 개념을 창안했습니다. 그가 상상했던 서머랜드는 아름다운 전원 지대였으며, 이 곳에 입성하는 자격을 얻은 인간은 사후에 꽃과 나무로 가득한 정원에서 영원한 극락을 누렸습니다. 생전에 잘못을 저지른 사람도 이에 상응하는 벌을 받고, 궁극적으로는 영원한 빛, 영원한 여름, 영원한 행복이 깃든 서머랜드로 가게 되

---

21) Poughkeepsie. 미국 뉴욕 주 동남부에 위치한 도시.
22) Andrew Jackson Davis (1826 ~ 1910). 미국의 심령론자, 작가.
23) Summer Land. 앤드류 잭슨 데이비스가 저서 《서머랜드로 가는 별의 열쇠》에서 묘사한 아름다운 사후세계.

어 있었습니다. 그는 《서머랜드로 가는 별의 열쇠[24]》에서 이 개념을 자세히 설명했습니다.

세계적으로 유명한 심령학자이자 스칸디나비아가 배출한 최고의 석학, 에마누엘 스베덴보리[25] 남작 역시 말년에 사후세계에 대해 많은 사색을 했습니다. 그가 무덤 너머의 세상을 묘사한 기록에 따르면 사후세계는 잘 운영되고 있는 스웨덴을 연상시킬 정도로 이승과 비슷한 곳입니다. 젊은 나이에 이승을 떠난 참한 여인이 이곳에 오면 멋진 기사가 그녀를 에스코트하여 스웨덴과 똑같은 천국을 구경시켜준다고 합니다.

지금까지 많은 심령학자가 사후세계의 실체를 규명하기 위해 노력을 기울이고 저마다의 가설을 제시했지만, 그들도 확신은 하지 못했습니다. 사후세계가 실제로 어떤지 구체적으로 설명한 심령학자는 거의 없었습니다. 오래전에 유명을 달리한 위인이 인간 앞

---

24) A Stellar Key to the Summer Land.
25) Baron Emanuel Swedenborg (1688 ~ 1772). 스웨덴의 루터교 신학자, 자연과학자, 철학자, 신비주의자.

에 나타나 여러 가지 조언을 해 줬다는 식의 얘기는 심심찮게 들려오지만, 그들도 사후세계의 삶이 어떠한지에 대해 알려주는 게 없습니다. 사후세계가 있다는 점만은 확실하게 얘기하지만, 이승에서 저승으로의 전환이 정확히 어떻게 이루어지는지에 대한 언급은 없습니다. 대부분의 '초자연적 체험'에서 이 핵심적인 부분이 빠져있습니다.

독일의 신비주의자 야콥 뵈메[26]도 사후세계의 비전을 보았습니다. 그의 비전은 초기 기독교 성직자, 성 디오니시오[27]가 보았던 사후세계와 여러모로 비슷했습니다. 이들은 꿈과 비전을 통해 천체와 별자리 성좌가 계층 구조를 이루어 우주를 관리하는 빛의 세상을 보았습니다. 빛, 색, 진동으로 가득한 이 세상은 아주 아름다운 곳이었지만, 인간이 그곳에 가서 무슨 일을 하는지에 대해서는 뵈메도 침묵했습니다. 영지

---

26) Jakob Böhme (1575 ~ 1624). 독일의 철학자, 기독교 신비주의자, 루터 개신교 신학자. 대표작 《오로라Aurora》.
27) Dionysius of Areopagite (서기 1세기? ~ 서기 1세기?). 그리스 아테네의 아레오바고에서 활동했던 판사.

주의[28], 알비파[29], 마니교[30]를 비롯한 여러 종파의 선지자들처럼 그저 죽음 이후에 있을 일을 비전의 형태로 보았다고만 얘기했습니다. 세계의 모든 주요 종교마다 낙원의 개념을 가지고 있습니다. 그곳이 어디에 있고, 어떤 곳인지에 대한 설명도 있습니다. 하지만 그곳에서 정확히 어떤 일이 벌어지는지에 대한 구체적인 연구는 아직 미미한 상태입니다.

왜 세상은 이 모양인가?

다시 본론으로 돌아가 우리가 사는 세상을 한번 생각해 봅시다. 우리는 대부분의 인간이 고통과 문제를 안은 상태에서 생을 시작하며, 짧은 시간 동안 세상에 머무르면서 온갖 질병에 시달리다가 떠나는 경우가 많다는 것을 알고 있습니다. 그런데 인생을 이

---

28) Gnosticism. 서기 1~2세기에 부상한 초기 기독교 종파. 훗날 이단으로 규정되었다.
29) Albigensians. 카타리파Catharism라는 이름으로도 알려져 있는 기독교 종파로, 영지주의의 사상을 부활시켰다가 이단으로 규정되어 13세기 초에 이노센트 3세 교황Pope Innocent III의 십자군 원정으로 제거되었다.
30) Manichaeism. 이란의 선지자 마니Mani가 서기 3세기에 영지주의로부터 영감을 받아 설립한 종교.

렇게 단순하게 요약해서는 안 됩니다. 조금 더 깊게 들여다볼 필요가 있습니다.

경전에 따르면 세상은 신이 인간을 위해 만든 아름다운 정원이자 지상천국이라는데, 왜 이렇게 엉망이 되어버렸을까요? 인간이 성장할 수 있는 환경을 조성한다는 취지로 설계되고 창조된 지구는 왜 처음부터 문제의 씨앗을 품고 있었을까요? 왜 인간은 하필이면 전쟁과 범죄로 온 세상을 쑥대밭으로 만들고 큰 대가를 치르는 어리석은 방법으로 성장하고 깨닫는 것일까요? 왜 인간은 아픔, 질병, 슬픔, 죽음의 땅에 태어나는 것일까요? 이것도 다 신성한 계획의 일부일까요? 아니면 원래 의도는 그게 아니었는데, 계획에 어떤 차질이 생겨 세상이 이렇게 된 것일까요?

인간은 환경의 영향을 많이 받습니다. 그런데 그 환경은 대부분 인간이 만들어낸 것입니다. 인간이 고통을 수반하는 출생의 과정을 거친 후 끝없는 아픔과 정신적 괴로움을 감내하며 삶과 전쟁을 치르고, 질병으로 신음하며 고생만 하다가 죽음이라는 끔찍한 경험으로 세상을 떠나는 것은 자연의 본래 의도가 아닙니다. 인간이 그렇게 만든 것입니다.

자연의 의도가 아니었다면 무엇이 원인일까요? 인간이 자연의 지위를 가로채려고 몸부림치고, 자연의 섭리에 순응하기보다는 정복하려 했기 때문입니다. 신성한 법칙을 무시하고 인간의 법을 그 위에 올려놓으려 하다가 발생한 필연적인 결과입니다. 세상사를 자세히 분석해보면 대부분의 문제는 자연이 일으킨 것이 아니라 인간이 자연을 함부로 주무르고 신성한 법칙을 위반한 대가를 피해가려고 했기 때문에 발생했다는 것을 알 수 있습니다. 뭐든지 자기 마음대로 하려는 인간의 속셈이 자연의 질서를 완전히 망가트려서 범죄와 전쟁이 판을 치게 된 것입니다.

인간이 이런 치명적인 실수를 범하지 않았다고 가정해 봅시다. 전 세계 경전과 현자들이 귀가 아프도록 반복해서 강조한 법칙과 계율을 잘 지키며 지금까지 살았다고 상상해 봅시다. 그런 세상에 태어나는 인간은 축복받은 존재라 불릴 것입니다. 지구는 평화롭고 따스한 곳이고, 기형과 장애도 존재하지 않고, 유전적 질병, 감정적 갈등, 가정 파탄도 없는 지상낙원일 것입니다. 이처럼 이상적인 환경에서 인간이 태어난다고 생각해 보세요. 지금과는 사뭇 다른 광경이 연출될 것입니다. 물론 이런 세상에 태어난다고 해서 자동으로 지혜로운 사람이 되는 것은 아니지만, 최소한 세상이 선사하는 모든 축복을 누리며 행복하게 살 수 있을 것입니다. 세상에 태어난 특권을 감사히 여기며 비교적 건강한 상태로 마음 편하게 만수무강할 수 있을 것입니다.

건강이 악화되는 이유

우리가 겪는 문제는 대부분 건강이 나빠져서 생기는 것입니다. 육체적 건강에 국한되는 문제가 아닙니다. 감정에 독이 쌓이고 마음이 불안정한 상태가 지속되면서 본인이 자초한 혼란에 빠져 60년, 70년, 80년, 90년이라는 세월을 우왕좌왕하다 떠나는 사람이 많습니다. 인간을 혼란스럽게 만드는 요인을 크게 두 가지로 나누면 바로 '출생은 고통스럽다.'는 생각과 '죽음은 고통스럽다.'는 생각입니다.

고통스러운 출생과 죽음도 자연이 의도한 바가 아닙니다. 우리가 고통스럽게 만든 것입니다. 자연의 법칙을 오용하고, 왜곡하고, 무시하는 바람에 불필요한 아픔을 만들어낸 것입니다. 자연이 그렇게 만든 것이 아닙니다. 자연은 인간이 고통으로 가득한 세상에 태어나 아파하다가 떠나는 것을 바라지 않습니다. 어디까지나 인간의 생각과 행동이 세상을 그렇게 만든 것입니다.

어딜 가나 인간이 모여 사는 공동체는 산적한 문제를 떠안고 있습니다. 마약, 알코올, 니코틴중독 문제를 상대로 전쟁을 치르고 있고, 돈, 권력, 야망과 관련한 각종 법과 규제에도 맞서 싸우고 있습니다.

많은 사람이 물질 세상에서 성취할 수 있는 목표에 중독되어 있습니다. 그러는 와중에 우리는 행복하게 뛰어놀며 성장할 수 있는 놀이터를 거대한 병동과 공동묘지로 만들어버리고 말았습니다. 신은 세상을 망가트리라고 인간을 창조한 것이 아닙니다. 고통스러운 경험을 쌓는 것은 우리의 목표가 아닙니다. 우리는 조물주의 기적을 보고, 그에게 영광을 돌리는 법을 배우기 위해 이곳에 왔습니다. 하지만 영광을 돌리기는커녕, 신과 세상을 저주하면서 일생을 낭비하고 있습니다.

일단 첫 단추는 잘못 끼워졌습니다. 족보를 거슬러 올라가 보면 5대, 6대 할아버지가 큰 죄를 지었는지도 모릅니다. 모든 인간이 조상이 지은 죄를 물려받아 고통에 시달리고 있고, 그 고통을 고스란히 후손에게 물려주고 있습니다. 눈을 씻고 둘러봐도 건강한 상태의 인간을 찾아보기 힘든 상황입니다. 건강이라는 것이 무엇인지조차 망각하고 말았습니다.

그나마 다행인 것은 건강의 중요성을 이해하기 시작한 사람이 늘어나고 있다는 점입니다. 특히 지난 50년 동안 그 어느 때보다도 건강 문제에 대한 관심이 높아졌습니다. 원시시대에 살았던 사람들은 자기를 학대하는 바보짓을 하지 않았기 때문에 건강에 크게 신경을 쓸 필요가 없었습니다. 원시인의 삶은 단순했습니다. 물론 밤이 되면 공포에 떨고 포식자에 맞서 싸우거나 도망쳐야 하는 스트레스는 있었지만, 삶 자체는 아주 단순했습니다. 하지만 삶이 복잡해지고 '세련미'가 더해지면서 인간은 병들기 시작했습니다. 그리고 스스로 만들어낸 질병을 치료하기 위해 각종 의료기관을 설립했습니다. 하지만 이 병은 육신의 병이 아니라 마음의 병이기 때문에 의사도 완전하게 치료하지 못합니다. 약과 주사로 영혼의 병을 치료하는 것은 불가능합니다.

인간을 구성하는 여러 요소 중에서 우리에게 가장 중요한 부분은 눈에 보이지 않는 부분입니다. 에머슨이 주창했던 대령³¹⁾이 육신의 진짜 주인입니다. 하지만 많은 사람이 대령의 실체를 무시한 결과, 육신은 운전자 없이 폭주하는 자동차와 같은 신세가 되어 버렸습니다. 능력도 탁월하고 국민을 진심으로 섬기는 선량한 지도자를 선출하여 아주 괜찮은 정부를 수립했는데, 세월이 흐르면서 깡패들에게 점령당한 것과 같은 형국입니다. 나를 점령한 깡패들은 이기심, 속임수, 어리석음, 몰상식을 상징합니다. 깡패들에게 내면을 반납한 인간들이 세상을 운영하다 보니 살기 좋은 아름다운 지구가 쓰레기장이 되고 말았습니다.

우리는 세상이 안 좋은 방향으로 흘러가고 있다는 사실을 조금씩 깨닫고 있습니다. 어쩌면 우리에게 필요한 일이었기 때문에 시련이 닥친 것일 수도 있고, 세상의 본래 모습은 아름답지만 우리가 상식을 저버리고 현실을 왜곡해서 지금 이 모습이 되었다는 결론에 도달한 것입니다.

---

31) 大靈, Oversoul. 19세기의 미국 철학자 랄프 왈도 에머슨Ralph Waldo Emerson이 쓴 에세이의 제목이자 개념으로, 이원론duality을 초월하는 하나됨unity, 모든 인간 안에 존재하는 상위자아, 참나True Self 또는 신성을 의미한다.

더러워진 세상을 깨끗하게 청소할 방법은 없을까요? 상황이 정상화되면 아기들도 부모에게 고통과 부담을 안기지 않고 태어날지도 모릅니다. 평화롭고 안락한 환경에서 태어난 아이들이 거꾸로 된 세상에 적응하기 위해 억지를 쓰기보다는, 올바른 교육을 받고 자연스럽게 성장할 수 있는 이상적인 세상이 도래할 수도 있습니다. 우리는 인간이 엉망으로 만든 세상에 태어나 잘못된 상황에 자신을 맞추고 생존 기간을 늘리는 방법을 배웁니다. 인간의 존재 목적과 잠재력을 실현하는 방법을 가르치는 진짜 교육은 설 자리가 없습니다. 참교육 따위는 시장을 독점하며 번창하고 있는 어느 기업의 수익 창출에 걸림돌이 될 수 있으므로 언급조차 되지 않을 가능성이 높습니다.

현재로서는 이런 문제를 해결할 수 있는 뾰족한 수가 없습니다. 해결하겠다는 의지가 있으면 가능은 합니다. 애초에 있지도 않았어야 할 문제들입니다. 하지만 우리가 진리라는 유산을 짓밟고 왜곡한 나머지, 지금은 진리의 탈을 쓴 거짓이 세상을 감옥으로 만들고 있습니다.

세월이 흐르면서 우리는 아프고, 지치고, 유혹에 흔들리고, 결국엔 질병까지 얻어 서서히 속으로부터 썩어갑니다. 최소한 100년은 효율적으로 사용될 수 있도록 설계된 육신을 선물로 받았지만, 너무 험하게 굴리다 보니 일찍 기력이 다해 유통기한을 채우지 못하고 스러집니다. 아픈 사람은 다 내일은 없다는 식으로 방탕한 삶을 살았다는 얘기가 아닙니다. 하지만 족보를 살펴보면 누구나 조상 중에 무법자가 최소한 한두 명쯤은 있습니다. 위세를 떨치는 유명 가문의 조상 중에도 교수대에서 처형된 범죄자들이 두세 명씩 있습니다. 해적도 있었고, 더 나쁜 사람도 있었습니다.

인간의 육신은 태초에는 아름다운 선물이었지만, 시간이 흐르면서 우리는 결점이 많은 유전자를 물려받게 되었습니다. 지금보다 더 나쁜 상태로 훼손되지 않은 것이 그나마 다행인지도 모릅니다. 우리가 선물로 받은 몸에는 그다지 훌륭하지 않았던 조상의 피가 흐르고 있고, 인류 문명의 쇠퇴와 함께 돌처럼 단단하게 굳어버린 여러 가지 하자도 포함되어 있습니다. 인간을 개선하는 문제는 오래전부터 화두였지만, 오해와 무지가 세상을 지배하는 지경까지 오는 바람에 문제 제기도 한낱 공허한 메아리로 취급되고 있는 현실입니다.

우리는 불완전한 몸을 걸치고 세상에 옵니다. 막상 와 보니 사람도 그렇고, 세상도 그렇고, 전반적으로 상황이 좋지 않습니다. 그래서 고치기 위해 할 수 있는 일이 무엇인지 고민합니다. 자연의 힘을 활용하여 인간을 치유할 수 있다고 주장하는 사람들의 얘기에도 귀를 기울여봅니다. 열심히 운동하고, 식단을 개선하고, 깨끗한 삶을 생활화하고, 각종 독성 물질로부터 최대한 거리를 두겠다고 마음도 먹습니다. 하지만 건강 상태를 개선하겠다고 마음먹고 노력하는 순간, 인간이 계속 아파야 매출을 올릴 수 있는 거대 세력이 위협적인 모습으로 길을 가로막습니다. 그래서 또 좌절하며 주저앉습니다. 요즘 같은 시대에 정직하게 사는 것은 위험천만한 일입니다. 남이야 어찌 되든, 뭐든지 자기 마음대로 할 권리가 있다고 착각하는 사람들의 심기를 건드릴 수 있기 때문입니다.

그렇게 지뢰밭을 걸으며 조금씩 삶을 배우고 개선하기 위해 나름 노력하다가 그동안 함부로 굴린 육신이 더는 말을 듣지 않는 시점에 이릅니다. 생명을 위협하는 불치병도 하나 둘 얻은 상태입니다. 필사적인 심정으로 치유법을 찾아내기 위해 노력하지만, 병을 일으킨 최초의 원인을 고치겠다는 생각은 하지 않습니다. 결국 그렇게 육체와 자아를 구성하는 요소들과 작별을 고해야 하는 순간을 맞게 됩니다.

이상주의 철학에 따르면 인간의 육신은 일종의 마차 또는 탈것입니다. 육신이라는 차와, 그 차를 타고 다니는 운전자는 같은 것이 아닙니다. 육신과 운전자를 동일시하는 사람은 물질주의자이고, 다르게 보는 사람은 이상주의자입니다. 인류 역사 초기부터 인간의 90%는 이상주의자였습니다. 일정 수준의 의식 성장을 이룬 민족 중, 무덤에서 인간의 존재가 끝난다고 믿었던 민족은 거의 없었습니다.. 거의 모든 문화권에서 죽음 이후의 삶에 대한 철학을 발전시켰습니다. 사후세계에 대한 철학이 없으면 불행한 삶과 세상을 개선하겠다는 동기도 생겨나지 않습니다. 지금 삶이 우울하고 고달프더라도 최선을 다해 살면 다음에 더 유복한 운명을 맞이할 수 있다는 희망이 있기 때문에 사회의 발전도 있을 수 있는 것입니다.

역사 속의 많은 문명이 영원한 성장이라는 문제를 설명할 수 있는 해답으로 환생의 교리를 개발했습니다. 인간이 한 번의 삶으로 완성의 경지에 이를 수 없다는 사실은 누가 봐도 자명합니다. 여러분 주위에도, 지구 반대편에도 그런 사람은 없습니다. 모든 것을 알 수도, 모든 일을 할 수도 없습니다. 세상의 모든 것을 다 갖기 위해 노력하는 사람은 있지만, 성공하는 사람은 매우 드뭅니다. 우리는 삶의 흐름 속에서 끊임없이 성장하고 있는 생명체입니다. 우리는 낮고 볼품없는 곳에서 출발하여 크고 높은 곳을 향해 나아가고 있으며, 한 번의 생으로 목적지에 도달할 수는 없습니다. 한 번의 생에서 조금이라도 배우며 한 발자국 전진하면 성공한 인생입니다. 삶의 흐름을 무시하고 제자리걸음만 걷는 인생은 실패한 인생입니다.

누구도 단숨에 완벽의 경지에 이를 수 없기 때문에 환생의 개념이 있어야 성장의 문제가 설명될 수 있습니다. 세계 전체 인구의 삼 분의 일 이상이 환생의 교리를 진리로 받아들이고 있습니다. 자연의 장기 성장 프로그램을 설명할 수 있는 가장 합리적인 이론이기 때문에 많은 이의 호응을 얻고 있는 것입니다. 환생의 교리는 성실함을 보상하고 인간이 자신의 결점과 나약함을 극복할 수 있도록 동기를 부여하는 유일한 해법이기도 합니다.

네 개의 몸

인간은 환생을 거듭하는 존재라는 가설이 맞는다면 이런 의문이 들 수 있습니다. '인간이 물질 세상에 있지 않은 동안에는 어디에서 뭘 하고 있나?' 동양철학에 따르면 인간은 대략 600~1,200년의 주기로 환생한다고 합니다. 물론 예외적인 경우도 있습니다. 큰 깨달음을 얻은 사람은 세상이 그의 수준을 따라잡을 때까지 기다려야 하므로 사후세계에 더 오래 머무를 수도 있고, 반대로 세상이 위태로운 시기에는 형제들에게 도움을 주기 위해 예정보다 빨리 환생할 수도 있습니다.

어쨌든, 환생의 교리를 받아들인 후에는 자연스럽게 사후세계에 대한 궁금증이 일기 마련입니다. 지금까지 이 의문에 대해 다양한 해답이 제시되었습니다. 인간이 육신을 떠난 후에는 어디 가서 무엇을 하고 있을까요? 앞서 설명한 엘리시온이나 서머랜드 같은 아름다운 천국에 머무른다는 의견도 있었고, 프톨레마이오스처럼 황도대 어딘가에서 시간을 낚는다고 주장했던 사람도 있었습니다. 둘 다 다소 추상적이고 모호한 설명입니다. 몇몇 신비스러운 도표와 비유적 표현 외에는 삶의 순환을 구체적으로 묘사한 청사진을 찾아보기가 어렵습니다. 실제로 그곳에서 어떤 일이 벌어지는지 파악하기가 매우 어렵고, 이 분야를 집중적으로 연구하는 전문가들도 사후세계를 생동감 있게 그려내지 못했습니다.

따라서 다른 각도에서 이 문제를 조명해봐야 합니다. 눈에 보이지 않는 자연의 실체라는 것은 과연 무엇이며, 어디에 있는 것일까요? 장미십자회의 신비주의자 로버트 플러드[32]를 비롯한 몇몇 인사들은 이 문제에 대해 진지하게 고민한 후, 인간은 여러 개의 몸

---

32) Robert Fludd (1574 ~ 1637). 영국 태생의 파라켈수스 학파 의사, 점성학자, 수학자, 우주론자, 카발리스트, 장미십자회 학자. 오컬트 철학을 집대성하고, 천문학자 요하네스 케플러Johannes Kepler와 지식에 접근하는 과학적 방법론과 헤르메틱 철학Hermetic Philosophy의 방법론에 관해 논한 것으로 유명하다.

으로 구성된 복합적 존재라는 결론을 내렸습니다. 인간은 눈으로 보고 손으로 만질 수 있는 육체만으로 구성된 동물도 아니고, 단순히 육체와 영혼 또는 육체와 귀신의 두 가지 속성을 가진 존재도 아니라, 다차원에서 기능할 수 있는 여러 개의 몸을 가진 복합적인 생명체[33]라는 이야기입니다.

우선 오감으로 인지할 수 있는 물질 세상에서 기능하는 육체(Dense body)가 있습니다. 하지만 우리는 물질 세상에 살면서도 눈에 보이는 것 이상의 무언가가 몸 안에서 일어나고 있다는 사실을 직감적으로 알 수 있습니다. 활력(Vital Body 또는 Etheric Body)의 작용으로 음식물을 에너지로 변환하고 신진대사도 일어날 수 있는 것입니다. 인간은 육체와 육체의 기능만으로 구성된 존재도 아닙니다. 그건 로봇과 다를 바 없습

---

[33] 인간의 육신physical body은 1) 육체dense body, 2) 활성체vital body 또는 에테르체etheric body, 3) 감정체emotional body 또는 열망체desire body, 그리고 4) 정신mental body, mind으로 구성되어 있다. 고대의 지혜를 상징 체계로 담은 타로 카드에서는 인간의 네 몸을 1) 동전(물질, 흙), 2) 컵(활력, 물), 3) 지팡이(감정, 불), 4) 검(정신, 공기)으로 표현하고 있다. 그리고 4대원소로 구성된 육신을 하나로 묶고 이끄는 역할을 하는 제5원소가 바로 에머슨의 대령Oversoul 또는 영혼soul이다. (타로의 에이스Ace 카드)

니다. 인간에게는 감정(Desire Body 또는 Emotional Body)도 있습니다. 육체, 영양, 에너지와는 무관하게 사랑하고, 희망을 품고, 꿈을 꾸고, 종교도 가질 수 있습니다.

감정 뒤에는 정신(Mental Body 또는 Mind)이 있습니다. 인간의 정신적 삶을 말하는 것입니다. 정신도 육체와 다른 것입니다. 인체를 어떤 식으로 해부해도 그 안에서 정신을 발견할 수 없습니다. 뇌는 정신이 아닙니다. 뇌가 살아있는 상태에서 정신이 그 안에 깃들어야 정신력이 존재할 수 있습니다. 인간은 생각하고, 감정을 느끼고, 사랑할 수 있습니다. 활력과 에너지를 이용하여 올림픽에서 메달을 딸 수도 있습니다. 인간에게는 집과 회사를 오가면서 다양한 물리적 활동을 하는 육체를 다스리는 능력이 있습니다. 이 모두가 합쳐진 것이 인간입니다. 이 네 가지 요소(육체, 활력, 감정, 정신)는 육신이라는 자동차를 구성하는 부품들입니다. 운전자가 어떤 일을 하기 위해 사용하는 도구입니다. 정신도 신성의 일부는 아닙니다. 인간이 생각하기 위해 필요한 수단에 불과합니다. 인간에게 주어진 도구 중 정신보다 위에 있는 것도 있습니다. 구슬처럼 꿰어진 인간의 여러 몸을 관통하는 실에 비유할 수 있는 에머슨의 대령, 즉, 인간의 영혼입니다.

　인간의 신비를 푸는 열쇠가 바로 영혼입니다. 영혼은 육체가 태생적으로 안고 있는 감각의 한계로부터 자유롭습니다. 영혼을 가진 인간은 소망을 품고 꿈도 꿀 수 있습니다. 그의 생각, 삶, 감정에도 영혼이 깃들 수 있습니다. 영혼이 부재하면 무엇이든 제 기능을 못 합니다. 우리 사회의 문제가 바로 이것입니다. 내면의 영혼은 망각한 채 겉으로 드러나는 형상에만 집착합니다. 인간이 설립한 단체와 조직에도 영혼이 깃들지 않다 보니 활력이 없고 존재의 이유도 없는 것입니다. 소망, 이상, 고차원의 사랑, 인간의 의식 등은 모두 정신 위에 있습니다. 고대인은 인간의 모든 구성요소를 하나로 통합하고 이끄는 다섯 번째 원소를 영혼이라 불렀습니다.

에머슨에 따르면 영혼은 신성의 일부입니다. 영혼은 말 그대로 우주 만물에 혼을 부여합니다. 우리가 사는 세상도 하나의 영혼이며, 형상(물질 세상)이 그 영혼에 의지하여 매달려있다고 말해도 과언이 아닙니다. 인간과 마찬가지로 물질 세상도 여러 계층으로 나뉘어 관리되며, 이곳을 삶의 터전으로 삼고 있는 생명체도 여러 등급으로 분류됩니다. 식물은 성장(활력에 해당)의 차원에서만 활동하고 존재합니다. 동물에게는 여기에 감정의 개발이라는 과제가 추가로 부여되고, 인간에게는 정신을 개발하는 책무까지 주어졌습니다. 즉, 인간은 네 개의 단계로 구성된 복합 생명체입니다[34].

---

34) 생명은 크게 광물, 식물, 동물, 인간의 네 유형으로 분류될 수 있다. 광물은 4대 원소 중 흙으로만 구성되어 있으며, 따라서 형상만 가진 상태로 존재한다. (육체) 여기에 물이 더해지면 식물이 된다. 식물은 땅(흙) 속에 뿌리를 내리고, 물과 에너지를 흡수하여 성장할 수 있다. (활력) 흙과 물에 불까지 더해진 동물은 감정을 느끼고, 육신을 자유자재로 움직일 수 있다. (감정) 하지만 불의 파괴적인 영향이 있기 때문에 광물과 식물만큼 수명이 길지 않다. 흙,

어떤 분야를 공부하든, 어떤 일을 하든, 인간은 이 네 개의 요소를 가지고 활동하고 자신을 표현한다는 사실을 항상 염두에 두시기 바랍니다. 정신과 육체는 인간의 실체가 아닙니다. 우리가 세상에 있는 동안 잠시 임대하는 것입니다. 인간은 자신의 육체를 완전히 소유하지 못하지만, 평생 임대할 수는 있습니다. 인간이 진정으로 소유할 수 있는 것은 없습니다. 하지만 정직한 방법으로 필요한 것을 확보할 수는 있습니다.

육신의 소멸 과정

인간은 이처럼 복합적인 형태를 띤 상태로 물질 세상을 경험하다가 수명이 다한 후 이승을 떠납니다. 육신의 소멸에도 순서가 있습니다. 지금까지도 신비에 싸여있는 연금술사들의 그림과 도표에서 그 과정을 확인할 수 있습니다.

물, 불, 공기로 구성된 존재인 인간은 동물보다 뛰어난 지능까지 겸비하고 있다. (정신) 인간의 의식이 높은 수준으로 성장하면 생명의 다섯 번째 유형인 현자, 성자, 철학자가 탄생한다.

육신의 소멸 과정에서 가장 먼저 사라지는 것은 육체입니다. 육체의 생명은 사지부터 시작해서 중심부인 심장에 이르렀다가 미주신경을 타고 머리를 통해 몸을 빠져나갑니다. 한동안은 초자아super-self 또는 참 나real self와 육체를 연결하는 자기적 연결이 유지됩니다. 이 줄은 이승과 사후세계를 연결하는 탯줄과 같은 것입니다. 자궁 안의 태아가 엄마와 탯줄로 연결되어 있듯이, 인간이 살아있는 동안에는 몸과 영혼이 보이지 않는 줄로 연결되어 있습니다. 불의의 사고 등으로 인해 충격을 받거나 가사상태에 빠지더라도 이 줄이 끊어지지 않으면 육체가 죽지 않습니다. 성경에서는 이 줄을 '은줄'로 표현합니다[35]. 영혼과 육체를 연결하는 이 줄이 끊어지면 인간은 육체의 세상보다 한 단계 위에 있는 에너지의 세상으로 진입합니다. 이 단계에서 에너지의 형태로 변환된 존재는

---

35) "은줄이 풀리고 금그릇이 깨어지고 항아리가 샘 곁에서 깨어지고 바퀴가 우물 위에서 깨어지고 흙은 여전히 땅으로 돌아가고 신은 그 주신 하나님께로 돌아가기 전에 기억하라." (구약성경 전도서 12장 6~7절)

여러 가지를 체험합니다.

인간의 활성체 또는 에너지체는 육체와 거의 유사하며, 따라서 육체에 적용되는 모든 법칙의 지배를 받습니다. 우리 눈에 보이지 않는다는 차이만 있습니다. 지난 생에서 성취한 것을 측정하고 향후 더 완성된 존재로 성장하는 지침을 만들기 위해 기억을 추출하는 과정이 진행된 후, 에너지의 형태를 띠고 있는 활성체도 점차 사라집니다. 육체가 죽은 후 완전히 소멸할 때까지 어느 정도의 시간이 소요되듯이, 활성체도 즉각적으로 사라지지 않습니다. 화장과 같은 방법을 사용하면 속도가 빨라지지만, 그렇지 않은 경우 느린 속도로 진행되는 부패의 과정이 끝나야 비로소 육체가 소멸됩니다. 활성체도 마찬가지입니다. 즉시 사라지는 것이 아니라, 그 안에 있던 영혼이 떠난 후 한동안 생전의 형상을 유지하며 껍데기 형태로 남아 있습니다. 우리가 '귀신'이라 부르는 현상이 바로 영혼이 빠져나간 활성체가 드러내는 희미한 모습입니다. 껍질만 남은 활성체는 길게는 몇 년간 지상에 머무를 수 있습니다. 하지만 그 안에 있던 실체는 이미 오래전에 다른 곳으로 떠난 상태입니다.

활성체를 벗어낸 인간은 그 후 감정의 세상으로 진입하여 또 일련의 새로운 경험을 합니다. 인간을 구성하는 모든 몸은 출생, 성장, 성숙 및 쇠퇴의 과정을 거칩니다. 이렇게 인간은 육신이 죽는 과정에서 고대인들이 '천국', '지옥'이라는 용어로 표현했던 여러 세상을 차례대로 통과합니다. 나의 활성체가 지난 생에서 걸쳤던 육체보다 하나도 나을 것이 없다는 사실을 발견하는 것이 바로 지옥입니다. 나 자신을 학대하고 방치했기 때문에 육체는 물론이고, 육체를 감싸고 있던 활성체도 시름시름 앓았던 것입니다. 이런 식으로 지난 생에서 내가 받았던 보상과 형벌을 확인하는 절차를 거칩니다. 하지만 영원한 보상과 형벌은 아닙니다. 올바르게 살지 않았으니 펄펄 끓는 가마솥에 던져져 우주가 사라질 때까지 신음해야 하는 것이 아닙니다. 내가 저지른 일과 하지 않은 일에 대해 대가를 치르고, 그 체험이 가르치는 교훈을 이해하고, 이를 양분으로 삼아 영혼을 성장시키는 계기를 얻는 것이 중요한 것입니다.

육신을 걸친 상태에서 하는 경험은 모두 소중합니다. 우리의 모든 체험이 영구적으로 보존되고, 보호되고, 지속됩니다. 이것이 바로 소위 말하는 '아카식 레코드[36]'의 개념입니다. 모든 인간이 여러 생에 걸쳐 행한 일, 지구상에서 일어난 모든 일이 그곳에 빠짐없이 기록됩니다.

감정의 세상에서 지난 생을 점검한 후, 영혼은 다음 단계로 넘어갑니다. 육체를 벗어 던지는 첫 번째 단계를 제외하고, 영혼은 각 단계에서 할 일을 마친 후 일시적으로 수면 상태에 빠집니다. 셰익스피어의

---

36) Akashic Records. 신지학Theosophy과 인지학Anthroposophy에서 등장하는 개념으로, 과거, 현재, 미래의 인간 세상에서 일어나는 모든 일, 생각, 말, 감정, 의도가 남김없이 기록되는 상징적인 책을 의미한다. 신지학자들은 이 기록 작업이 에테르의 세상에서 일어난다고 믿었다. 'Akashic'은 '에테르', '하늘', '대기'를 의미하는 산스크리트어, 'Akasha'에서 유래되었다.

독백에서 햄릿은 이렇게 말했습니다. "잠이 들면 어떤 꿈을 꿀까? 죽음의 잠에 빠지면 어떤 꿈을 꿀까?" 많은 사람이 이 구절에 담긴 깊은 의미를 모르고 있습니다.

다음은 마지막 단계인 정신의 세상입니다. 정신은 일종의 중개인으로, 지난 생에서 우리가 배우고, 소화하고, 체득한 모든 것을 하나로 통합하여 기록하는 역할을 합니다. 육신이 죽은 뒤 영혼이 여러 단계를 거쳐 정신의 세상까지 올라가 체험을 기록하는 과정은 의식적으로 이루어집니다. 반면 인간이 태어날 때 정신의 세상부터 육체까지 내려오는 과정은 보통 자는 상태에서 무의식적으로 진행됩니다. 아기는 태어나는 순간 또는 그 직전에 잠에서 깨어납니다. 갓 태어난 아기는 지금까지 숱한 생을 거치며 잔뼈가 굵은 존재입니다. 파란만장한 과거에 대한 기억은 잊어버렸지만, 전생에서 얻은 경험 중 상당히 많은 부분을 간직하고 있습니다. 향후 아기가 성장하면서 도움이 될 수 있는 자산입니다.

따라서 인간은 죽은 후 천국이나 지옥에서 무한정 머무르는 것이 아니라, 육체, 에너지, 감정, 정신의 세상을 두루 체험하며 긴 생애주기의 순환에 참여하는 것입니다. 인간의 '생애'는 육체가 태어나서 죽을 때까지의 70~100년이 아닙니다. 제가 지금까지 설명한 모든 단계적 절차를 거치는 과정이 한 번의 생애입니다. 인간이 한 번의 생애를 거치는 동안 연금술에 의해 경험이 새로운 형태로 변환되고, 그 결과로 삶이 더욱더 진실하고 소중해지는 것입니다.

인간은 사는 동안 겪는 흥미로운 체험 중 하나는 바로 꿈입니다. 꿈은 굉장히 희한하고 신비스러운 현상입니다. 꿈속에서는 불과 몇 시간 만에 평생을 체험할 수도 있고, 현실적으로 불가능한 일도 종종 일어납니다. 조용한 밤에 꾸벅꾸벅 졸면서 바다에서 무시무시한 폭풍우가 일거나 산 전체를 불태우는 화마의 광경을 볼 수도 있습니다. 우리는 꿈을 통해 두려움, 운명, 죽음, 삶 등 다양한 일을 경험합니다. 우리가 전생에서 가져온 카르마의 단면도 꿈속에서 정체를 드러냅니다. 꿈은 우리가 앞으로 배워야 할 것, 이해해야 할 것, 풀어야 할 것을 보여주는 상징체계입니다. 악몽에서 깨어나 다행이라며 안도의 한숨을 내쉬고 가볍게 잊어버릴 일이 아닙니다.

이 모든 것이 죽음 이후의 세상과 생애를 이해하는 열쇠입니다. 인간의 성장은 물질 세상에서 배우는 교훈에서 출발합니다. 모든 사람이 인류 역사 초기부터 이 분야를 자세히 연구하고 탐구한 수많은 현자, 심령술사, 신비주의자들이 남긴 방대한 기록을 다 공부하기는 어렵습니다. 하지만 누구나 삶과 죽음의 신비를 대략적으로나마 이해함으로써 살아가는 데 큰 도움을 받을 수 있습니다.

삶과 죽음의 교훈

이제 잠시 실용적인 측면에 대해 생각해 봅시다.

지금 하는 얘기가 아주 추상적이고 이론적이라는 것은 저도 잘 압니다만, 이 지식을 일상에서 활용할 수 있는 방법이 있는지 한번 고민해 봅시다. 우리는 비교적 안락하고, 아름다운 환경을 제공하는 신비스러운 행성 위에서 살고 있습니다. 신학의 설명에 따르면 우리는 죽은 후 지구를 떠나 천국 또는 지옥으로 간다고 합니다. 이게 만약 사실이라면 문제가 복잡해지고, 우리의 운명이 그다지 밝지 않다는 생각에 잠기게 됩니다. 사는 동안 내가 과연 구원을 받을 자격을 얻었는지 하는 의구심이 들기 때문입니다.

잘못을 저질렀으면 영원히 지옥 불에 타면서 비명을 질러야 한다는 운명도 썩 유쾌하지 않습니다. 이상한 것은, 불구덩이 지옥의 개념이 널리 퍼져있음에도 불구하고 범죄는 좀처럼 줄어들지 않는다는 점입니다. 죄를 지으면 끔찍한 벌을 받는다고 아무리 경고해도 소용없습니다. 1억 년 동안 펄펄 끓는 가마솥에서 신음하는 가엾은 인간들을 생생하게 묘사한 유명 화가들의 작품에도 불구하고 낯선 사람의 주머니에 함부로 손을 넣는 소매치기와 내 마음에 들지 않는다는 이유만으로 사람을 죽이는 살인자의 수는 그대로입니다. 오히려 증가하는 추세입니다. 천국과 지옥의 교리는 범죄를 예방하는 데 실패했습니다. 범죄율 증가의 속도를 늦추지도 못했습니다. 반대로 종교의 이름으로 행해진 범죄는 많았습니다. 인간이 다른 인간의 지옥행 여부를 결정할 권리가 있다는 망상에서 비롯된 범죄입니다.

이건 신이 의도한 바가 아니라는 사실을 깨달은 후, 우리는 점차 영원한 구원과 영원한 저주라는 단순한 흑백논리에서 벗어났습니다. 신의 계획에도 부합하지 않고, 인간의 성장에도 전혀 도움이 되지 않는 개념이기 때문입니다. 우주 만물을 창조하는 능력을 가진 신이 원했더라면 얼마든지 인간을 완벽한 상태로 창조할 수 있었을 것입니다. 그게 본래의 계획이었다면 모든 인간이 신의 의중을 정확하게 파악하고 신이 선사한 능력을 활용하여 완벽한 존재처럼 행동했을 것입니다. 하지만 우리는 지구라는 작은 섬에 난파하여 혼자 힘으로 생존해야 하는 상황에 내던져졌습니다. 그 이유는 명백합니다. 우리가 이 어려운 상황에서 무언가를 해낸다면, 누구의 도움도 받지 않고 우리의 힘으로 해냈다는 뜻이 되기 때문입니다. 성장은 내면이 펼쳐지는 체험을 통해 이루어집니다. 누군가 우릴 대신하여 성장하려 하면 그는 성장할지 몰라도 우리는 원래 상태 그대로 남아있습니다. 따라서 삶의 시작과 끝의 문제는 영원한 형벌과 보상이라는 신학의 논리로 풀 수 없습니다. 성장의 요소가 빠진 구멍을 메우기 위해 소크라테스의 지혜에 귀를 기울여야 합니다.

아테네의 젊은이들을 타락시켰다는 죄목으로 재판을 받은 소크라테스는 제자들이 대신 내주기로 한 얼마 되지도 않는 벌금 납부를 거부하고 사형을 택했습니다. 불의에 굴복하기보다는 끝까지 신념을 지키기 위해 죽는 것이 낫다고 판단했던 것입니다. 그는 이승을 떠나기 전에 제자들에게 말했습니다. "나는 드디어 간다. 새로운 여정을 시작할 것이다. 괜찮다. 나는 지금 행복하다. 나는 이제 둘 중 하나의 운명을 맞을 것이다. 첫째는 나의 존재가 완전히 사라지는 것이다. 소크라테스가 사라지면 내가 생에서 성취했던 모든 일에 대한 기억도 잊어버릴 것이다. 후대의 사람들만 책을 통해 내가 했던 말을 기억하겠지. 두 번째 가능성은 소크라테스가 사라지지 않는 것이다. 이게 사실이라면 나는 한평생 탐구했던 이승 너머의 세상으로 나아가게 될 것이다. 영원불멸의 일부가 되어 지금까지 한 공부와는 비교할 수 없을 정도로 많은 것을 배우고, 지혜와 선을 이해하고, 궁금했던 모든 것에 대한 해답을 얻을 수 있을 것이다." 유언을 마친 후 소크라테스는 자기가 사라지는 것이 아니라 조만간 수많은 의문에 대한 해답을 얻게 될 것이라는 기대감을 품은 채 독극물을 마시고 평온한 죽음을 맞앉습니다. 여정은 아직 끝나지 않았다는 심정으로, 지난 생은 목적지를 향해 계단 하나를 오르는 시간이었다는 마음으로 떠났습니다.

이걸 염두에 두고 이번 생과 다음 생의 사이, 다시 말해, 사후세계에서 어떤 일이 일어나는지에 대해 한번 생각해 봅시다. 진실은 단순하다는 말이 있습니다. 날마다 낮에 활동하고 밤에 잠자듯이, 어쩌면 우리는 사후세계에 머무르는 동안 다음 생을 기다리면서 긴 잠을 자는 것인지도 모릅니다. 자는 동안에도 내면에서는 신이 우리와 함께 열심히 작업합니다. 물질 세상에서는 잡념으로 가득한 나의 심리 상태가 꿈에 영향을 주며 훼방을 놓지만, 사후세계에서는 외부의 간섭이 없는 상태에서 원활하게 작업이 이루어질 수 있습니다.

이처럼 우리는 이승을 떠난 후 고요와 평온을 체험하는 기회를 얻습니다. 긴장이 완전히 풀린 상태로 명상하면서 진리를 있는 그대로 보는 소중한 체험입니다. 진리는 마음이 평온한 상태에서만 볼 수 있습니다. 진리는 우리가 소중한 무언가를 성취했을 때 보상으로 주어지는 것입니다. 요구한다고 해서 얻을 수 있는 것이 아닙니다. 살 수도 없고, 팔 수도 없습니다. 하지만 성취할 수는 있습니다. 시야를 가리는 사각지대를 모두 걷어내면 볼 수 있습니다. 의미 없는 삶의 방식과 상황, 거짓, 분노, 두려움, 의심, 자만심, 수치심 따위를 옆으로 밀어내고 영혼에 고요가 깃들면 진리를 성취할 수 있습니다.

영혼은 죽을 수 있다

'영혼Soul'이라는 단어의 정확한 의미에 대해서도 생각해볼 필요가 있습니다. 고대인은 인간이 세상에 태어나 성장하면서 영적 힘을 키우는 기회를 얻는 보상을 영혼의 개념과 결부시켰습니다. 신약성경의 요한계시록[37]에서 언급한 성 요한의 세마포(웨딩드레스)

---

37) "우리가 즐거워하고 크게 기뻐하여 그에게 영광을 돌리세 어린 양의 혼인 기약이 이르렀고 그 아내가 예비하였으니, 그에게 허락하사 빛나고 깨끗한 세마포를 입게 하셨은즉, 이 세마포는 성도들의 옳은 행실이로다 하더라." (신

가 바로 영혼입니다. 영혼은 우리가 살면서 쌓은 경험을 원단으로 해서 만들어진 일종의 의복입니다. 세상에서 배운 것이 웨딩드레스를 수놓는 장신구가 되고, 우리가 고요한 의식 안에서 진리를 받아들일 때 천의무봉을 걸치게 되는 것입니다. 삶의 체험으로 만들어지는 영혼은 우리가 여러 차례 환생하고 성장하면서 그 아름다움을 더해갑니다. 영혼은 우리에게 일어나는 모든 일의 배후에 있는 진리입니다. 살면서 얻은 경험과 교훈이 천국의 책에 영구적으로 기록되고, 영혼의 힘과 통찰력을 키우는 양분이 됩니다. 영혼이 얼마나 소중한 것인지 짐작하셨으리라 봅니다.

하지만 우리에게 주어진 힘을 악용하면 영혼이 파괴되거나 상처를 입을 수 있습니다. 신성한 힘과 신비스러운 체험을 왜곡하고 악용하는 것은 죄악 중에서도 가장 큰 죄입니다. 성경에 기록된 구절이 틀린 말이 아닙니다. "범죄하는 그 영혼은 죽을지라.[38]"

약성경 요한계시록 19장 7~8절)
38) 구약성경 에스겔서 18장 20절; "The soul that sinneth, it shall die."

'영Spirit'은 파괴될 수 없습니다. 부패할 수도 없습니다. 하지만 거짓 삶을 사는 영혼은 파괴될 수 있습니다. 거짓으로 짠 세마포는 부패의 운명을 피할 수 없습니다. 영혼이 죽더라도 그 안에 들어있던 영은 소멸하지 않고 새로운 삶과 체험을 찾아 떠납니다[39]. 영은 영원하며, 영혼은 우리가 '하나님의 어린 양[40]'과 혼인하기 위해 입는 황금 예복입니다. 요한계시록에서 이 개념을 철학적이고 신비주의적인 관점에서 잘 설명하고 있습니다.

이제 이 개념이 지금, 이 순간 물질 세상에서 사는 우리에게 어떤 의미를 가지는지 생각해봐야 합니다. 개념은 간단합니다. 심령술사, 신비주의자, 천리안의 소유자는 아우라 또는 인체의 자기장이라 불리는 인

---

[39] "흙은 여전히 땅으로 돌아가고 신(영)은 그 주신 하나님께로 돌아가기 전에 기억하라." (구약성경 전도서 12장 7절)
[40] '하나님의 어린 양'은 내면의 구세주, 그리스도를 상징한다. 사도 바울은 "너희 안에 계신 그리스도니 곧 영광의 소망이니라."라는 말로 이 개념을 표현했다. (신약성경 골로새서 1장 27절) 타로에 등장하는 왕자(또는 기사)와 공주(또는 견습생)의 혼인, 헤르메틱 결혼Hermetic Marriage, 동화에 등장하는 왕자와 공주의 결혼도 대부분 같은 의미를 지니고 있다.

간의 여러 몸을 보는 능력을 갖고 있습니다. 육신을 구성하는 자기장마다 별도의 핵이 있으며, 아름답고 독특한 고유의 색을 띠고 있습니다. 하지만 인생을 왜곡하고 파괴하면 본래의 색이 추악한 모습으로 변합니다. 이 원리를 이용하여 질병의 원인을 파악하고 치료하는 크로모테라피[41]라는 기법도 있습니다.

맑은 색은 영혼을 키우는 힘이자, 영혼을 구성하는 하나의 차원입니다. 반면 썩은 영혼의 색은 경악 그 자체입니다. 마치 정체를 알 수 없는 혼합색상의 물감으로 아무렇게나 붓질을 한 것처럼 사악하고 심하게 뒤틀린 인상을 줍니다. 영혼의 부패는 나쁜 습관에서 비롯됩니다. 예를 들어, 툭하면 화를 내는 사람이 있다고 가정해 봅시다. 화는 화성 에너지에서 나옵니다. 점성학과 신비주의를 결합한 고대 요법에서 화성은 에너지의 심볼입니다. 이 에너지를 건설적으로 활용하면 밝고 투명한 빨강이 형성됩니다. 하지만 남을 공격하거나 이웃 국가를 상대로 전쟁을 벌이

---

41) Chromotherapy. 색을 이용하여 병을 치료하는 색채요법.

는 목적으로 사용하면 진흙 같은 톤으로 변하여 추하고 볼썽사나운 색이 형성됩니다.

수시로 화내고, 원망하고, 결과를 생각하지 않고 잘못을 저지르는 사람의 자기장도 같은 색입니다. 이 더러운 색은 자기장의 상태뿐 아니라 육체의 건강에 직접 영향을 주는 몸의 진동수와도 관련이 있습니다. 정신에도 부정적인 영향을 주고, 활력을 빼앗고, 궁극적으로는 수명을 단축시킵니다. 잘못된 행동으로 자기장의 본래 색이 변하면 육신의 기능이 저하되고, 활력이 파괴되고, 건강이 망가져 만성적인 고질병 또는 불치병까지 생길 수 있습니다.

마음씨가 곱지 않은 사람은 반드시 이에 해당하는 지병을 안고 있습니다. 부정적인 감정과 질병은 항상 손을 잡고 다닙니다. 나쁜 감정은 인간을 무덤으로 조기 안내하는 가이드입니다. 육신이 죽는 과정에서 영혼이 감정의 세상에 이르렀을 때, 자기장의 색을 기반으로 지난 생에서 쌓은 카르마와 인격이 평가

됩니다. 에너지를 잘못 사용하면 사후세계에서도 고생하고, 다음 생에서도 그 카르마를 짊어지고 태어나야 합니다. 진실을 왜곡하여 자기장에 독성 물질을 쌓으면 티베트에서 말하는 '카마로카[42]'라는 무서운 과정을 통과해야 합니다. 영혼의 의복을 불쾌한 색으로 더럽힌 갖가지 실수와 잘못을 말끔히 씻어내는 과정입니다.

죽음 이후의 삶을 위한 준비

지금까지 설명한 내용을 종합하여 사후세계에 관한 전체적인 그림을 그려볼 수 있습니다. 건강의 비결은 몸을 올바르게 사용하는 것입니다. 몸을 함부로 굴리면 반드시 대가를 치른다는 진리를 어렸을 때부터 깨우치는 것이 중요합니다. 오용이 지속되면 생명의 빛이 갈수록 희미해집니다. 인과관계의 법칙에 의해 문제가 자연스럽게 '해결'되는 것입니다. 몸을 학

---

42) Kama-Loka: 욕계(欲界). '욕망'을 의미하는 산스크리트어 'kama'와 '장소'를 의미하는 'loka'의 합성어로, 이승에서 욕망과 쾌락에 지배되었던 영혼들이 사후에 가는 곳.

대한다고 해서 죽음이 즉각적으로 찾아오는 것은 아닐 수도 있습니다. 전생의 카르마를 해소하는 기회가 필요해서 아픈 상태로 더 오래 머무를 운명일 수도 있습니다. 하지만 언제든 생각을 고쳐먹고 건설적으로 삶의 중심을 잡으면서 올바른 삶을 생활화하면 나를 괴롭히는 악마로부터 해방될 수 있습니다. 다음 생의 환경과 여건에도 긍정적인 영향을 주고, 이번 생에서도 나를 보호할 수 있습니다.

사후세계에서 우리가 어떤 운명을 맞게 되는지에 대한 명쾌한 해답은 없지만, 원리는 간단합니다. 지금, 이곳에서 올바르게 살면 사후세계에서도 낙원과 같은 평온한 곳에서 안락하게 머무를 수 있습니다. 이승에서든 저승에서든 삶의 흐름에 역행하지 않고 편안한 마음으로 순리에 따라 살면 죽는 과정도, 다시 태어나는 과정도 즐거울 수 있습니다. 사후세계로 올라가는 과정도 고통스럽지 않습니다. 소크라테스의 말대로, 그곳에 이른 후 원했던 모든 것을 성취할 수 있습니다.

  나를 바꾼다는 것은 쉽지도 않고 하룻밤 만에 일어날 수 있는 일도 아니지만, 나중에 대면하기 싫은 일 중 작은 것부터라도 고치기 위해 노력할 수 있습니다. 죽고 나면 이번 생에서 마주하기 싫었던 일도 다 함께 사라질 것이라는 생각은 큰 착각입니다. 터무니없는 낙관주의입니다. 이승에서 피하는 데 성공했다면 저승에서, 그리고 다음 생에서 다시 마주쳐야 합니다. 자기 자신을 철저하게 점검하고 인정해야 할 것은 솔직하게 인정해야 합니다. 옳은 것은 계속 키우고, 옳지 않은 것은 버려야 합니다. 마약판매상, 마약중독자, 알코올중독자, 양심불량자도 마찬가지입니다. 내가 저지른 모든 잘못에 대해 언젠가는 눈물 흘리면서 순순히 자백해야 하는 날이 반드시 옵니다.

  이 원리를 이해했던 고대인들은 우리가 그토록 피하고자 하는 끔찍한 자기성찰의 과정을 괴물, 악마, 악령 등으로 희화화하고, 눈에 보이지 않는 세상(저승)은 사악한 귀신으로 가득한 곳이라고 비유적으로 설명했습니다. 전설 속의 귀신은 우리가 끝내지 못한 일을 상징하는 심볼입니다. 우리가 애초에 잘했더라면 생겨나지도 않았겠지만, 이미 생겨났으니 앞으로 의식적으로 성장하면서 이 도깨비들을 제거해야 합니다. 이승에서든 저승에서든, 내 잘못을 바로잡아야 나를 괴롭히는 악마를 퇴치할 수 있습니다.

물질 세상의 삶은 인간의 생애 중 작은 일부에 불과하지만, 우리가 독립적인 개체로서 활동할 수 있는 곳이기 때문에 아주 중요합니다. 사후세계에서는 새로운 경험치를 쌓을 수 없습니다. 새로운 경험과 성장은 우리가 발을 땅에 디디고, 사물을 보고 만지고, 타인과 교류할 수 있는 물질 세상에서 이루어집니다. 사후세계에서 일어나는 성장은 물질 세상에서 내가 행한 선을 영원한 가치와 통합하고, 내가 저지른 악을 교정하는 작업입니다. 하지만 새로운 경험의 축적과 인과관계의 작용은 물질 세상에서 시작됩니다. 우리가 이곳에서 어떻게 살고 성장하는지에 따라 카르마가 정해지는 것입니다.

카르마가 나쁘다는 생각은 오해입니다. 우리는 살면서 나중에 후환의 형태로 돌아오는 나쁜 카르마도 쌓지만, 좋은 보상도 열심히 적립하고 있습니다. 카르마가 나쁜 인상을 주는 이유는, 세상에 올바른 행동보다 잘못된 행동이 더 많기 때문입니다. 주변만 둘러봐도 이 사실을 쉽게 알 수 있습니다. 나쁘게 행동하니 당연히 나쁜 카르마가 찾아오는 것입니다. 삶이라는 특권의 오용, 특히 의도적인 오용은 응징의 카르마를 쌓는 지름길입니다. 하지만 잘못을 바로잡고 내면의 잠재력을 펼치기 시작하면 카르마는 내가 행한 모든 선에 영광을 더해주고, 새롭고 눈부신 기회로 가득한 곳으로 진입하는 문을 활짝 열어줍니다.

우리는 아주 단순하고 공정한 법칙의 지배를 받으며 살고 있습니다. 삶을 대하는 자세를 바꾼다고 해서 이 일이 용서되고 저 일이 청산되는 것은 아닙니다. 옛 실수를 만회하기 위해 말로, 머리로, 감정으로 뭔가 시도하는 건 누구나 할 수 있는 일입니다. 하지만 행동으로 실수 자체를 바로잡지 않으면 굳은 결의와 다짐도 다 소용없습니다. 가치관이 바뀐 후에 행동이 뒤따르지 않으면 아무런 의미가 없습니다.

자연이 죄를 용서하는 것이 아니라, 우리가 죄를 뛰어넘고 초월해야 하는 것입니다. 보통 사람은 살면서 심각하고 치명적인 죄를 거의 범하지 않기 때문에 죄를 뛰어넘는 것이 그리 어렵지 않지만, 사소하더라도 잘못을 유발하는 나쁜 습관은 발견 즉시 손보는 것이 좋습니다. 이유야 어쨌든, 아침에 일어나자마자 기분이 언짢고 화가 치밀어 오르면 빨리 알아차리고 화를 가라앉히는 것이 좋습니다. 그러지 않으면 나중에 톡톡한 대가를 치러야 합니다. 어떤 식으로든 해결해야 합니다. 지금 화를 다스리지 않으면 사고를 친 후에 후회하고 죄책감을 느끼며 회개하는 가시밭길을 걸어야 합니다.

분노의 경우 생각보다 일찍 대가를 치를 가능성이 높습니다. 화를 잠재우지 못해 바로 당일 후회할 짓을 하고 땅을 치는 일이 발생할 수 있습니다. 친한 친구를 잃거나 되돌릴 수 없는 실수를 저지를 수도 있습니다. 치밀어 오르는 분노로 심한 두통이 찾아와서 아스피린을 몇 알 삼키고, 잠시 평온한 마음을 되찾았다가 기운을 차리고 더 크게 화를 내는 사람도 있습니다. 분노든 두통약이든, 결국엔 내가 지게 되어 있습니다. 예외가 없습니다.

이건 자연이 원하는 바가 아닙니다. 자연은 누구나 한 번은 실수할 수 있다는 점을 인정합니다. 하지만 실수가 어떤 결과로 이어지는지 체험한 후에는 같은 실수를 반복해선 안 됩니다. 아쉽게도 인류는 아직 이 기본적인 교훈을 완전히 터득하지 못했습니다. 인류 역사의 첫 번째 전쟁은 아주 먼 옛날에 벌어졌지만, 그 이후 전쟁이라는 질병을 치유하겠다고 나선 사람은 많지 않았습니다. 해법은 전쟁을 일으키지 않는 것입니다. 다른 방법은 없습니다. 역사에서 지운다고 없어지는 것도 아니고, 법을 제정한다고 해서 평화가 정착되는 것도 아닙니다. 성질이 더러운 사람이 아파서 병원에 갑니다. 의사가 약을 처방해 줬는데, 그게 병세를 더 악화시킬 수도 있습니다. 약을 먹고 나니 일시적으로나마 속이 편해집니다. 그러고 나서 앞으로 화병이 나면 약을 먹으면 되겠다고 생각하며 안심합니다. 그건 답이 아닙니다. 올바르게 살지 않는 사람은 건강할 자격도 없습니다.

현대 사회에 만연해 있는 온갖 종류의 유혹도 변명이 될 수 없습니다. 다른 사람들이 정직하지 않다고 해서 나의 삐뚤어진 삶이 면죄부를 얻는 것은 아닙니다. 그건 마치 다른 사람들이 고통스러워하고 있으니 나도 고통스러워도 괜찮다고 말하는 것이나 다름없습니다. 변명은 문제 해결에 아무런 도움이 되지 않습니다.

그래서 올바른 종교와 철학의 가르침을 실천하는

것이 중요한 것입니다. 가치를 분별하고 이해하는 역량을 키워주기 때문입니다. 뜬구름 잡는 형이상학적 얘기가 아닙니다. 사회를 보면 곳곳에서 증거를 발견할 수 있습니다. 칼로 흥한 자는 칼로 망합니다. 정의가 실종된 곳에서는 어떤 식으로든 큰 혁명이 일어납니다. 불의는 반드시 실패하게 되어 있다는 것을 어디에서나 볼 수 있습니다. 한동안은 승리한 것처럼 보일 수 있지만, 궁극적으로는 붕괴하는 운명을 피하지 못합니다. 지금까지 수많은 국가가 부정과 부패로 쓰러졌습니다. 민족, 가정, 개인도 마찬가지입니다. 올바르지 않은 방법으로는 흥할 수 없습니다.

우리는 돈을 벌기 위한 목적으로 교육을 받아야 한다고 생각합니다. 돈 자체가 나쁜 것은 아닙니다. 돈을 벌기 위해 일하는 것도 나쁘지 않습니다. 돈을 악용하고, 돈을 벌기 위해 해서는 안 될 짓을 하는 것이 나쁜 것입니다. 우리가 간과해서 안 될 것이 하나 더 있습니다. 큰돈이 생기면 '실수할 기회'가 그만큼 더 많아진다는 점입니다. 대부분의 사람은 돈의 유혹을 이겨내지 못합니다. 금전적 유혹은 돈이 성공의 원천이자, 원인이자, 결과라고 굳게 믿는 사람에게만 찾아옵니다. 이런 사람은 돈 앞에서 버티지 못하고 쓰러집니다.

무엇보다 균형이 중요합니다. 고대 그리스의 델포이 신전에도 "만사에 지나침이 있어서는 안 된다."고 적혀 있습니다. 나의 결점이 나를 곤경에 몰아넣지 않도록 항상 주의해야 합니다. 내가 지혜롭게 사용할 수 있는 것만 소유하는 것이 좋습니다. 사랑하는 마음으로, 건설적으로 할 수 있는 일만 하는 것이 좋습니다. 거짓 즐거움을 주는 잘못된 행동을 자식처럼 소중히 여길 필요 없습니다. 나를 파멸시키는 결과를 초래할 뿐입니다.

어떤 경우에도 인간의 생애는 지속됩니다. 보상(천국)과 형벌(지옥)을 근간으로 하는 기독교의 오랜 전통을 따르고 싶다면 교리를 약간 수정하여 보완해도 좋을 것 같습니다. 인생을 엉망으로 만들고 있다면 벌받을 각오를 해야 합니다. 하지만 천국의 판사가 모든 죄인에게 일일이 판결문을 읽어주는 것은 아닙니다. 죄 안에 이미 형벌이 들어 있습니다. 잘못을 저지르면 고통을 피할 수 없습니다. 나쁜 생각을 품으면 그 생각의 결과가 위험으로 나에게 되돌아옵니다. 야망이 지나치면 고생하고, 결국엔 그 야망 때문에 망합니다. 제3의 존재가 나를 벌하는 것이 아니라, 법칙에 따라 자체적으로 형을 집행하는 것입니다.

곳곳에서 카르마가 작용하는 현상과 인생의 순환을 관찰할 수 있습니다. 저승에서의 삶은 큰 순환의 일부로, 우리 눈에 보이지 않는 사후세계에서 진행됩니다. 우리가 물질 세상에서 만들어낸 원인 중 올바르지 않은 것은 언젠가는 반드시 바로잡아야 합니다. 육신을 걸친 상태에서 세상을 경험하며 배워야 합니다. 육체적으로 살아있는 동안 배우지 못하면 사후세계에 가서라도 배워야 합니다. 필요한 교훈을 배우지 않고 슬쩍 넘어가는 경우는 없습니다. 시험을 통과하기 전에 승급하는 것은 불가능합니다.

하지만 희소식도 있습니다. 우리가 말로만 진리라고 주장하는 신념을 행동으로 실천하고, 타인을 해치려는 충동을 억제하고, 이웃 국가를 착취하는 정책을 폐기하면 나중에 할 고생이 큰 폭으로 줄어든다는 점입니다. 이건 무슨 대단한 비밀이 아닙니다. 누구나 알고 있는 상식입니다. 세계 모든 주요 종교의 공통적인 계명입니다. 문구만 약간 다를 뿐, 다 같은 내용입니다. 황금률[43]은 40여 개 종교의 공통적인 교리로 자리매김을 하고 있습니다. 모든 종교가 따스한 인간관계의 소중함을 강조합니다. 인류의 형제애를 깨고 서로 짓밟아야 한다고 가르치는 종교는 없습니다. 종

---

43) Golden Rule. 황금률은 세계 주요 종교에서 공통적으로 중요한 계명으로 삼고 있는 원리다. "나에게 고통을 주는 행위는 남에게도 해선 안 된다." (불교); "그러므로 무엇이든지 남에게 대접을 받고자 하는 대로 너희도 남을 대접하라. 이것이 율법이요 선지자니라." (기독교); "이웃이 내게 행하지 않았으면 하는 일은 이웃에게도 행하지 마라." (힌두교); "남에게 대접을 받고자 하는 대로 너희도 남을 대접하라. 그리고 내가 거절하고 싶은 일은 남에게도 강요하지 마라." (이슬람교); "내게 해로운 일은 남에게도 행하지 마라. 이게 토라의 가르침의 전부다. 나머지는 해설에 불과하다." (유대교)

교의 가르침 때문이 아니라, 이익을 위해 종교의 가르침을 자기에게 유리한 식으로 해석하고 왜곡하는 사람들 때문에 형제애가 깨지는 것입니다. 그렇게 해서 얻는 것은 없습니다. 고통 외에는 없습니다.

원시 부족을 포함한 세계 모든 종교 신자들이 이미 잘 알고 있는 개념입니다. '올바르게 행동하면 올바른 결과를 얻고, 올바르지 않게 행동하면 올바르지 않은 결과를 얻는다. 선을 행하면 성장하고, 악을 행하면 자기 자신을 벌한다.' 직접 실행으로 옮겨보면 이 교리가 옳은지 아닌지 쉽게 확인할 수 있습니다.

오늘날에는 신념과 실천의 간격이 갈수록 커지고 있습니다. 유혹이 전보다 한층 강해졌기 때문입니다. 많은 사람이 올바른 가치를 보고도 고개를 돌리거나 부인합니다. 진리를 멸시하면서 본인과 남에게 피해를 주는 사람은 언젠가는 심판대에 서야 합니다. 긴 수염을 기른 재판관들 앞에서 받는 심판은 아닙니다. 내가 재판관이 되어 나를 심판하는 과정입니다. 하지만 시일을 미룰수록 법정의 분위기는 싸늘해집니다. 내가 겪는 고통은 대부분 나에게서 비롯되었다는 사실을 직시하는 날이 반드시 옵니다.

꿈이나 비전을 통해서만 엿볼 수 있는 신비스러운 사후세계……. 야콥 뵈메는 비전에서 아름다운 빛과 색으로 가득한 세상을 보았다고 증언했습니다. 그는 "너무나도 아름다운 곳이다."라고 말하며 아쉬움을 뒤로 하고 그곳을 떠났습니다. 비전의 형태로 저승을 보았던 모든 사람이 그곳은 지극히 아름다웠다고 이구동성으로 말합니다. 아름다운 계곡, 아담한 농장과 집, 행복한 사람들 등, 우리 의식 안에서 솟아난 아름다움의 심볼로 가득 차 있는 곳입니다.

공포심을 자극하고 영원한 저주로 인간을 위협하는 무시무시한 사후세계의 이미지는 아무런 쓸모가 없습니다. 고통스러운 사후세계의 모습을 들이대며 겁을 줘도 인간은 계속 죄를 짓습니다. 인간을 협박하여 올바르게 살도록 강요하는 것에는 한계가 있습니다. 어쩌다 한번 큰 사고를 피하도록 도움을 줄지는 몰라도, 대부분의 사람은 자기 마음에 들지 않고 이익에 반하는 자연의 법칙을 밥 먹듯이 깹니다. 소를 잃고 외양간을 고치면서 변해야겠다는 마음을 먹었다가 원래의 상태로 돌아오는 일을 반복합니다. 하지만 먼 미래가 될지라도 법의 심판을 받아야 하는 날이 옵니다. 우주는 영원히 변하지 않고 정확하게 작동하는 계측기입니다.

우리는 모두 같은 것을 필요로 하며, 같은 성장의 길을 걷고 있는 형제 영혼들입니다. 올바르게 사는 것을 목표로 힘을 합쳐 계속 전진해야 합니다. 올바르게 살지 않으면 내 마음에도, 가정에도, 세상에도 평화가 정착될 수 없습니다. 그전까지는 계속 나를 적으로 삼아 싸우며 만신창이가 될 수밖에 없습니다. 인간은 자기의 운명을 개척하는 능력을 가지고 있습니다. 올바른 선택을 내리는 분별력도 있습니다. 동물의 왕국에는 옳고 그름의 개념이 없습니다. 따라서 '나쁜 짓'을 하는 동물도 없습니다. 하지만 인간에게는 올바르게 행동할 권리가 있고, 해야 할 일을 하는 힘, 우주의 법칙을 지키고 그 법을 기반으로 찬란한 문명을 건설하는 능력이 있습니다. 신과 협력하여 모든 생명의 진보와 성장에 기여할 권리도 있습니다. 신의 충실한 일꾼이 되어 원칙을 지키면서 일하고, 그 노력에 대한 대가로 보상을 받을 권리도 있습니다.

하지만 단지 욕심을 채우기 위해 돈이란 돈은 보이는 족족 다 쓸어 담고, 타인을 짓밟으며 이용해 먹을 권리는 누구에게도 없습니다. 다음 세상으로 가져가지도 못할 것을 독점할 권리는 없습니다. 부정까지 저지르며 천문학적인 재산을 모았더라도 무덤 너머의 세상으로는 가져갈 수 없습니다. 결국엔 다 잃습니다. 이런 사람이 저승으로 가져가는 것은 뭐든지 다 소유하려는 탐욕의 마음, 그것 하나뿐입니다. 사후세계에서는 내가 가진 것이 아니라, 가지려 했던 이유와 동기를 기준으로 평가가 이루어집니다.

뒤로 미뤄서 좋을 것 없습니다. 진짜로 중요한 것이 무엇인지 알았다면 지금부터 실천하고 내면의 빛을 비춰 세상을 보는 것이 좋습니다. 우리가 두려워해야 할 것은 원칙을 어기고 자꾸만 타협하려는 마음입니다. 이 증상을 치유하면 지금보다 훨씬 나은 세상이 찾아올 것입니다. 지금 하나의 실수를 바로 잡으면 나중에 자기심판의 법정에서 그 실수로 꼬투리 잡힐 일도 없습니다. 고칠 것을 고치면 내가 성장하고 있다는 느낌도 받을 수 있습니다. 의미 있는 일을 했다는 생각이 들면서 삶을 사랑하고 존중하는 마음도 강해집니다.

신의 존재를 믿는다면, 신은 존경의 대상이라는 사실도 믿어야 합니다. 우리에게는 신의 법을 지킬 의무가 있다는 사실도 믿어야 합니다. 세상에는 성실하게 신의 법을 준수하는 사람도 있고, 나와는 관계없는 일이라며 무시하는 사람도 있습니다. 지킬 것을 지키고 멀리할 것을 멀리하면 하룻밤 만에 세상이 아름다운 모습으로 바뀔 수 있습니다. 지구촌 모든 시민이 행복하고, 건강하고, 부족함 없이 오순도순 살아가는 진정한 지상낙원이 될 수 있습니다.

이기적으로 행동하며 세상을 거대한 쓰레기장으로 만들더라도 내가 죽으면 그만이라는 삐뚤어진 생각을 하는 사람이 많기 때문에 세상이 혼란스러운 것입니다. 진정한 악당이 되려면 무신론자가 되어야 합니다. 확고한 믿음이 있으면 그 믿음을 왜곡시키려 하는 대신, 삶에서 그 믿음을 실천하고 모두가 소망하는 목표를 위해 노력할 것입니다. 행복, 평화, 충만, 화목한 가정, 아이들의 미소, 땀 흘리며 열심히 사는 모습이 당연한 것으로 여겨지고, 이유 없이 떠돌아다니면서 시간을 축내는 사람이 하나도 없는 정상적인 세상이 도래할 것입니다.

우리가 행할 수 있는 선은 많습니다. 해야 할 일도 많습니다. 우리가 행한 선은 모두 우리의 영혼에 더해집니다. 우리는 물질 세상에서 분투하면서 눈부시고 영광스러운 영혼의 의복을 짜고 있는 존재입니다. 가장 아름답고 우아한 의복을 짜는 방법은 따스한 삶, 사랑을 바탕으로 한 우정, 그리고 솔직한 인간관계를 가꾸는 것입니다. 감사합니다.

Ⅲ. 저자에게 묻는다

이 장은 저자가 생전에 발간한 계간지 《Horizon (1941~1958)》과 《PRS Journal (1958~1990)》에서 독자들이 환생과 카르마를 주제로 제출한 질문과 저자의 답변을 선정한 것입니다.

카르마를 다 갚는 것이 가능한가요?

질문 #1 (PRS Journal, 1964년 여름호): 인간의 의식이 펼쳐지는 과정에서 삶의 모든 면을 두루 경험해야 카르마가 해소되고 환생의 굴레에서 해방될 수 있다고들 얘기합니다. 인간이 살면서 새로운 카르마를 만들어내는 것은 불가피한데, 다시 환생한다고 하더라도 어떻게 그 빚을 다 갚을 수 있겠습니까?

답변: 세계의 모든 주요 종교와 이상주의를 추구하는 철학에서는 도덕적인 삶의 중요성을 늘 강조해 왔습니다. 서양 신학에서는 교회의 가르침에 역행하면 죽어서 큰 벌을 받게 된다고 설명합니다. 따라서 인간은 자신의 인품을 계발하고, 파괴적인 성향을 길들이고, 본인과 남에게 해를 끼치는 행동을 다스리는 능력을 갖고 있다고 말할 수 있습니다. 환생의 교리도 인간의 행동에 따라 보상과 형벌이 주어진다는 종교의 기본 가르침과 많이 다르지 않습니다. 다만 이 과정이 한 번의 생이 아니라 여러 생애에 걸쳐 지속

되며, 보상과 형벌을 받는 카르마의 법칙이 무덤 너머의 세상이 아니라 바로 이곳, 물질 세상에서 실현된다는 차이만 있을 뿐입니다.

인간은 시행착오를 거치면서 성장하게 되어 있습니다. 직접 실행으로 결과를 확인해보기 전에는 나의 행동이 옳은지 옳지 않은지 확신할 수 없는 경우도 있습니다. 삶을 경험하면서 도덕을 배우고, 신념을 실행으로 옮김으로써 어떤 원인이 어떤 결과로 이어지는지 알게 되는 것입니다. 사람의 행동과 국가의 정책 시행을 관찰하면 인과관계의 법칙이 어떻게 작용하는지 볼 수 있습니다. 보통 사람이 자신의 행동에 따른 대가를 피해 가는 방법은 없습니다. 순수한 마음에서 우러나온 행동이었다고 해도 영원불변의 속성을 가진 우주의 법칙과 충돌할 수 있습니다. 정직하고 건설적으로 살기 위해 노력하는 사람도 기나긴 인생의 여정에서 자신의 결점이 불러오는 결과를 종종 마주해야 합니다.

나쁜 습관과 행동을 완벽하게 다스릴 수 있는 수준까지 진보한 인간은 그리 많지 않습니다. 따라서 우리에게는 아직도 많은 단점을 극복하고 지금보다 더 나은 운명을 실현할 기회가 있습니다. 카르마는 인간을 괴롭히기 위해 존재하는 것이 아닙니다. 카르마는 우리가 불편해하고 재앙이라 여기는 일들이 왜 일어나는지를 친절하게 알려주는 안내인입니다. 의식적으로 성장하면서 인간은 장차 자신에게 닥치게 될 불행을 파악하는 능력이 있음을 깨닫게 됩니다. 환생의 굴레에서 벗어나는 방법이 전혀 없는 상태에서 고통만 받아야 하는 것이 아닙니다.

과한 행동은 과한 반응을 부릅니다. 행동이 과하지 않으면 카르마의 작용도 부드러워집니다. 그래서 철학에서는 항상 적당하고 균형 잡힌 삶의 중요성을 강조해 왔습니다. 고통과 불행을 예방하기 위해 매사에 과함을 피하라는 의미입니다.

지금부터 균형 잡힌 삶을 실천한다고 하더라도 카

르마의 빚이 즉각적으로 다 갚아지는 것은 아닙니다. 큰 빚을 진 사람이 앞으로 소비를 절제하겠다고 마음먹더라도 기존의 빚은 갚을 때까지 남아있습니다. 건전하게 소비하는 습관을 기르면 빚이 더 늘어나지는 않겠지만, 계좌의 잔액이 마이너스에서 0으로 바뀔 때까지는 매달 빚을 갚아야 합니다. 하지만 이 뼈아픈 경험을 통해 사치와 낭비가 어떤 결과를 가져오는지 배울 수 있고, 앞으로는 더 지혜롭게 돈을 써야겠다고 다짐할 수 있습니다. 솔직히 말해 우리는 지금까지 해서는 안 될 일을 하고 해야 할 일을 하지 않으면서 우주에 이미 큰 빚을 진 상태입니다. 하지만 희망이 보이지 않는다고 해서 앞으로도 낭비와 비이성적인 행동을 일삼으며 고통의 시간을 연장해야 하는 것은 아닙니다. 도저히 빚을 갚을 수 없으니 될 대로 되라는 식으로 살면 안 됩니다. 시일이 걸리더라도 조금씩 갚아나가야 합니다.

전생의 카르마가 이번 생에서 우리를 어떤 상황

으로 몰아넣고, 새로 주어진 문제를 해결하려고 노력하는 과정에서 더 많은 카르마가 더해질 테니 영원히 빚을 갚을 수 없지 않냐는 것이 질문의 요지인 것 같습니다. 네, 이번 생에서 새로운 카르마가 만들어진다는 말에도 일리가 있습니다. 하지만 인간은 경험을 통해 계속 배운다는 점을 간과한 것 같습니다. 인간은 어제 저지른 잘못을 되돌아보고 성찰하면서 오늘의 문제를 더 지혜롭게 풀 수 있는 능력을 갖고 있습니다. 오늘 나에게 닥친 문제가 전생에서 쌓은 카르마의 결과일 수도 있습니다. 전생에 대한 기억을 상실했기 때문에 문제의 원인을 이해하지 못할 수도 있습니다. 하지만 우주는 공정하다는 진리를 떠올리면 내가 어떤 식으로든 카르마의 빚을 졌기 때문에 이에 상응하는 결과가 나타난 것이고, 결과를 보면 원인의 속성도 비교적 쉽게 파악할 수 있습니다.

카르마의 법칙은 언제나 공정하다는 사실을 깨달은 수준에 이르면 내가 앞으로 어떻게 살아야 하는

지, 어떻게 해야 도덕적인 삶을 영위할 수 있는지에 대한 철학적 통찰을 얻게 됩니다. 예를 들어, 엉망이 된 나의 삶을 점검해 봤더니 가정이 깨진 데는 과거에 그럴만한 이유가 분명히 있었다는 깨달음을 얻었다고 상상해 봅시다. 일단 가정이 무너진 것은 명백한 사실입니다. 깨질 만한 이유가 있었기 때문에 깨진 겁니다. 내가 가정 문제를 다스리는 법을 아직 익히지 못했기 때문에 실패한 것입니다. 하지만 가정 파탄을 경험하면서 교훈을 얻으면 그 카르마를 만든 시점보다 더 지혜로워지고, 나에게 닥친 불행을 공감과 진정성의 관점에서 평가할 수 있습니다.

깨진 가정의 문제에 임하는 방법에는 크게 두 가지가 있습니다. 첫째는 모든 것이 상대방의 잘못이라고 맹렬히 비난하면서 이혼을 복수의 수단으로 삼아 상처받은 마음을 달래는 것입니다. 자녀가 배우자를 원망하도록 유도하고, 자기연민으로 우울한 삶을 자초하고, 술병에 빠져 구제 불능의 알코올중독자가 될 수도 있습니다. 이런 식으로 문제에 대처하면 카르마가 해소되지 않습니다. 짐만 더 무거워집니다. 자연이 나에게 주려던 소중한 가르침에 귀를 기울이기는커녕, 대여섯 개의 새로운 빚 독촉 고지서를 추가로 발급받는 셈입니다.

문제가 터진 순간에는 화가 치밀어 오르는 것이 인간의 본능이겠지만, 이런 상황에서 카르마를 줄이는 방법도 있습니다. 이혼의 운명이 눈앞에 닥쳤을 때 두 사람이 부부로서 잘 맞지 않을지도 모른다는 가능성을 인정하고, 나에게도 일정 부분 책임이 있음을 통감하고, 될 수 있으면 웃는 얼굴로 좋게 헤어지는 것이 최선이라고 판단하고, 이혼 절차를 진행하는 과정에서 상대방에게 부당하다 싶을 정도로 많은 것을 요구하지 않고, 자기연민에 빠지기를 거부하는 방법도 있습니다. 모든 결정이 카르마로 이어지지만, 아픔을 겪으면서 나의 삶과 상태를 개선하겠다는 의지가 담긴 행동이기 때문에 카르마의 짐이 한결 가벼

워집니다.

카르마는 우리가 풀어야 할 문제를 만들어내고, 우리가 문제의 원인을 이해하면 카르마가 풀리기 시작합니다. 균형이 무너진 삶을 고치려는 생각 없이 고집을 부리며 변화를 거부하면 카르마의 형벌도 사라지지 않습니다. 태어날 때마다 계속 같은 고생을 해야 합니다. 물론 카르마가 항상 나쁜 것은 아닙니다. 인생에는 고통도 있지만 즐거움도 많습니다. 갈등과 불화를 유발하는 일도 있지만, 행운이라 생각될 정도로 잘 풀리는 일도 있습니다. 카르마를 해소하는 원리를 단순하게 설명하자면, '빚을 갚으면 카르마도 사라진다.'로 압축할 수 있습니다. 원망하는 대신 즐거운 마음으로 카르마의 고지서를 납부하면 앞으로 그 문제를 두려워할 필요가 없습니다. 인간은 세상에서 여러 가지 일을 동시에 하며(동시에 여러 원인을 만들어내며), 따라서 여러 개의 카르마가 서로 얽히고설켜 있는 경우가 많습니다. 오래전에 만들어진 카르마와 이번에 새로 만든 카르마를 하나하나 구분하여 일대일 방식으로 처리하기는 어렵습니다. 따라서 모든 상황에 공통으로 적용할 수 있는 방법으로 삶을 대하는 것이 좋습니다. 핵심은 자기규율입니다. 정신과 감정이 길길이 날뛰지 않도록 다스리면 카르마의 거의 모든 면을 개선할 수 있습니다. 반대로 생각과 감정을 통제하지 못하면 나중에 반드시 후회하는 실수를 범하게 됩니다.

종교와 철학은 인간의 거친 성정을 순화하는 방법을 제시합니다. 인내심은 우리가 키워야 할 핵심 덕목이며, 믿음, 소망, 사랑으로 삶을 대해야 한다고 가르칩니다. 패망의 원인인 교만[44]으로부터 나를 지키기 위해 겸손을 배우고, 영혼을 병들게 하는 에고티즘의 부정적인 영향을 차단하기 위해 이타주의를 계발하고 집착을 멀리하는 것도 좋습니다. 제가 지금까지 설명한 모든 미덕의 공통점은 '고요함'입니다. 정

---

44) "교만은 패망의 선봉이요 거만한 마음은 넘어짐의 앞잡이니라." (구약성경 잠언서 16장 18절)

신과 마음이 고요해지면 무조건 반항하기보다 상황을 이해하고 받아들이는 것을 우선시하게 되고, 상대방의 권리와 기분을 배려하는 습관도 길러집니다. 스트레스 반응이 순화되면 카르마도 점차 해소되며, 무엇보다 좋은 카르마를 생성하는 효과가 나타납니다. 우주의 법칙을 지키고 조화를 이루며 성장할 수 있다는 자신감이 생기면서 과거의 잘못을 버리고 새롭고 좋은 운명을 실현하게 됩니다.

동양철학에서는 과거의 카르마를 갚고 응징의 원인을 체계적으로 정리하는 데 성공한 사람은 잘못된 행동의 대가로부터 해방된다고 설명합니다. 모든 카르마는 인간의 이기주의에서 탄생한다고 가르치는 학파도 있습니다. 나만의 만족을 위한 행동, 타인의 안위는 안중에도 없이 오로지 내가 원하는 것을 얻기 위해 하는 행동은 고통의 시간을 연장합니다. 진리를 추구하는 구도자는 자기 규율과 책임 완수라는 무기로 욕망과 자기중심적 생각이라는 두 마리의 토끼를 동시에 잡습니다. 자기중심적 사고를 멀리함으로써 기존의 카르마를 더 쉽고 빠르게 해소하고, 앞으로 나아가야 할 길도 매끄럽고 평평하게 다지는 효과까지 얻는 것입니다.

동양에서는 카르마의 원인을 촉발하는 행동을 자제하면 인과관계의 법칙이 나에게 부정적으로 작용하는 결과를 피할 수 있다고 설명합니다. 이 개념을 처음 접한 서양인은 대부분 경악합니다. 원인을 만들어내지 않으면서 의미 있는 삶을 살기란 불가능하다고 여기기 때문입니다. 그런데 이것도 말로 원칙을 흐리는 사례입니다. '정의'라는 단어의 개념에 대해 잠시 생각해 봅시다. 많은 사람이 속으로는 정의라는 말을 불편해합니다. 정의의 개념이 있으면 불의도 존재한다는 뜻이기 때문입니다. 불의는 남이 나에게 행하는 것이고, 오로지 나만 정의의 본질을 규정할 수 있다고 굳게 믿으면서 막상 본인은 간단한 법과 질서의 준수에 대해 감정적으로 반응하며 못마땅해합니다. 나의 야망과 욕심의 충족을 가로막는 법은 미워합니다. 심지어 나만의 기준으로 선정한 '악당들'에게 우주를 대신하여 정의의 심판을 내리겠다고 벼르는 사람도 있습니다.

정의의 실현이 신성한 계획의 일부라는 사실을 명백한 진리로 받아들이고, 그 계획에 순응하고, 우주가 법을 집행하도록 옆으로 비켜서면 마음의 평온을 얻을 수 있습니다. 만사에 무관심한 게으름뱅이가 되라는 얘기가 아니라, 원망, 의심, 두려움 없이 우주의 정의에 맞춰 나의 행동을 다스려야 한다는 뜻입니다. 자신을 기만하면서 만든 나만의 원칙에 매달리며 버티다가 우주의 숨결 하나에 쓸려 내려가지 말고, 우주의 법과 함께 움직이며 순리를 따르는 것이 올바른 길입니다. 철학에서는 남을 해치지 않는 삶이 유일하게 올바른 삶이라고 가르칩니다. 남을 해치지 않으면 남이 나를 해칠 일도 없습니다. 다시 한번 얘기하지만, 삶을 올바른 방향으로 수정한다고 해서 모든 문제가 갑자기 사라지는 것은 아닙니다. 하지만 위기 상황에서도 남을 해치지 않겠다는 마음으로 차분하게 대처하면 카르마의 거센 물결도 잠잠해집니다.

동양철학에서는 또한 인간이 모든 카르마를 해소하면 존재(육신)의 굴레로부터도 해방될 수 있다고 가르칩니다. 우리가 매번 육신을 걸친 상태로 환생해야 하는 이유는, 물질 세상에서 아직 끝내지 못한 일이 있기 때문입니다. 물질의 허상을 정복하고, 내 안에 있는 속된 마음을 말끔히 씻어내고, 나의 모든 행동이 신의 의지와 계획에 부합하는 경지에 이른 후에는 물질 세상에서 더 배울 것이 없습니다. 학교를 졸업한 후에는 계속 등교할 필요가 없습니다. 물론 대학원 같은 고급 과정에 진학하여 더 깊은 공부를 할 수는 있겠죠. 지구학교를 졸업한 후 또 어떤 새로운 과정이 우리를 기다리고 있는지는 모르겠지만, 이곳에서 삶의 균형을 잡고, 행복을 찾고, 고약한 성격을 다스리기 전까지는 다음 단계로 승급할 수 없습니다.

불교에서 '열반'은 인간의 본질이 사라지는 것이 아니라, 욕망의 불이 꺼진 상태를 의미합니다. 카르마의 짐이 너무 무거워져 실수에 따른 대가를 도저히 감당할 수 없는 상태에 이르면 자연스럽게 욕망의 불이 수그러듭니다. 카르마가 소방수 역할을 하는 것입니다. 억겁의 세월이 걸릴 수도 있지만, 신의 계획에서 시간은 제약의 요인이 아닙니다.

인과관계의 법칙을 이해한 후 욕심을 체계적으로 줄이는 노력이 더해지면 눈에 띄게 빠른 속도로 카르마의 무게가 줄어듭니다. 카르마는 우리에게 일어나는 일뿐 아니라, 그 일을 지속하는 에너지도 순화시킵니다. 고통은 인간의 기력을 축내고, 인간은 자신을 녹초로 만드는 일을 자연히 멀리하게 됩니다. 부정적인 카르마의 악순환을 끊는 방법은 많습니다. 은둔자는 사막이나 인간이 살지 않는 오지를 찾아가 혼자만의 세상에 틀어박힙니다. 그렇게 함으로써 속세의 압박으로부터는 자유로워지지만, 자신을 고립시

킴으로써 새로운 카르마를 만들어냅니다. 자기보다 불우한 이웃을 돕기 위해 야망을 모두 내려놓고 봉사에 헌신하는 사람도 있습니다. 이런 상황에서도 주의해야 할 점이 있습니다. 특히 철학자들에게 종종 발견되는 현상인데, '나는 고귀한 일을 하고 있다.'는 영적 오만에 빠질 수 있다는 것입니다. 이미 가진 카르마를 풀고 줄여나가는 제일 좋은 방법은 인내심, 관대함, 이해력을 키우는 것입니다. 삶에서 어떤 문제가 닥치더라도 나의 가장 높은 이상과 신념으로 대응하면 큰 폭의 발전을 이룰 수 있습니다. 나의 이상과 신념이 모든 문제를 해결하기에는 여전히 역부족일 수도 있지만, 작은 문제라도 해결하는 데 도움이 됩니다. 부분적인 해결도 해결이며, 올바른 방향으로 나아가고 있다는 증거입니다.

나에게 주어진 책무를 버릴 것을 요구하는 신비주의 단체 또는 철학은 권하고 싶지 않습니다. 그런 행동의 동기가 과연 순수한지 아닌지 파악하기가 참 어렵습니다. 내가 진짜 신을 만나고 헌신하고 싶어서 그러는 것인지, 아니면 삶이 괴로워서 어디론가 도망치고 싶다는 마음에서 나온 행동인지, 본인조차 혼란스러울 때가 많습니다. 가장 좋은 방법은 어떤 상황이든 피하거나 도망치지 말고, 품위를 잃지 않으면서 정정당당하게 대가를 치르고 카르마의 빚을 갚는 것입니다. 이렇게 하면 미래의 카르마도 줄어듭니다. 나의 결점, 약점, 실패가 서서히 미덕으로 변환되고, 세상으로부터 느끼는 압력도 줄어들고, 섣부른 판단과 생각 없이 내뱉은 말이 불러오는 고통의 피해자 신세도 면할 수 있습니다.

동요하거나 불안해하지 않아도 됩니다. 카르마는 끊임없는 고통의 순환이 아닙니다. 고통의 원인을 조금씩 줄여나가기 위해 필요한 과정입니다. 고통의 원인은 우리가 우주의 의지와 법칙에 맞서 반항하고 역행했을 때 생겨납니다. 인간의 의지가 신의 계획과 평행선으로 달리면 충돌도 일어나지 않습니다. 하지만 인간이 우주의 흐름을 거스르면, 다시 말해, 삶을 부정하면 카르마의 연쇄반응이 다시 개시됩니다. 인간의 힘으로 카르마의 법칙을 뜯어고칠 수는 없습니다. 고통에서 벗어나고 싶다면 내 생각과 방식을 고치는 것 외에는 달리 방법이 없습니다. 삶의 여정에는 천둥 소리와 거친 산불도 많지만, 목적지에 도달하면 신성한 평화를 누릴 수 있습니다. 우리 마음속에 영원한 평화와 고요함이 깃드는 그 날을 체험하기 위해서는 지금, 이곳에서 노력해야 합니다.

남의 삶에 개입하면 카르마가 생기나요?

질문 #2 (PRS Journal, 1973년 겨울호): 어떤 사람이 나쁜 카르마를 만들어내고 있는데, 제가 옆에서 지켜보기만 하면서 개입하지 않으면 저에게도 나쁜 카르마가 생깁니까?

답변: 종교와 철학에서도 중요하게 다루는 어려운 질문을 주셨네요. 종교에서는 범죄crime와 죄악sin을 명확하게 구분하지만, 현실에서는 이 두 가지가 충돌하는 경우가 종종 있습니다. 예를 들어, 선량한 시민이 대낮에 거리에서 깡패들에게 얻어맞고 있으면 주변에 있던 행인들이 달려가 시민을 돕는 것이 올바른 행동입니다. 한때는 이게 불문율처럼 여겨졌습니다. 거의 예외 없이 모두가 달려가 위험에 처한 시민을 도왔습니다. 하지만 요즘엔 타인의 불행에 개입하기를 꺼리는 사람이 대다수입니다. 심지어 공권력에 몸담은 경찰관도 근무시간 이외에는 타인을 돕기보다는 자신의 안위를 위해 위험한 행동을 삼갑니다. 하

지만 인간이라면 누구든 법을 준수하기 위해 최선을 다해야 한다는 사실에는 변함이 없습니다.

인간이 만든 법전에 명시되어 있지 않은 도덕률 또는 정의를 위반하는 종교적 죄악의 문제는 다루기가 더 어렵습니다. 옛날에는 종교가 공동체를 지배했습니다. 공동체에 속한 시민은 종교의 경전을 문자 그대로 따랐고, 때로는 '신앙심'이 너무 강해 불의를 저지르는 사람도 있었습니다. 법과 사회의 규칙은 세월에 따라 꾸준히 변해왔습니다. 법전에 구체적으로 명시되어 있지 않은 문제가 터지면 상식보다는 인간의 감정이 전면에 나서 상황을 판단하려 합니다. 이슬람에서는 이 문제를 간단히 해결합니다. 모든 죄는 코란 또는 초기 코란 해석자들의 판단을 근거로 처벌이 규정되며, 경전의 내용과 가장 비슷한 조치를 최선으로 삼습니다. 경전 또는 법전에 명시되어 있지 않은 사건이 벌어지면 바로 그 자리에서 법을 만들고, 필요할 경우 소급 적용합니다. 선지자(무함마드)의 가르침에 반하는 법은 존재할 수도, 집행될 수도 없습니다.

불교 경전에도 옳고 그름을 명확하게 판단하기 어려운 문제의 사례가 등장합니다. 어느 날 브라만 사제들이 부처에게 물었습니다. "신은 선한데, 왜 세상에는 악이 존재하는가?" 부처가 어떻게 대답하든, 나중에 그를 옭아맬 수 있는 구실을 만드는 게 이들의 속셈이었습니다. 위대한 현자는 이렇게 답했습니다. "신이 악을 막지 않으면 선한 신이라 불릴 수 없고, 신이 악을 막을 능력이 없다면 신이라 불릴 수 없소." 부처의 논리에 말문이 막힌 사제들은 수치스러운 표정으로 입을 굳게 다물고 자리를 피했습니다. 예수도 비슷한 고초를 겪었습니다. 바리새인들은 예수에게 시저의 얼굴이 새겨진 동전을 내밀며 물었습니다. "시저에게 세금을 바치는 것이 정당합니까, 아니면 부당합니까?[45]" 이에 나사렛의 현자는 "시저의 것은

---

45) "그러면 당신의 생각에는 어떠한지 우리에게 이르소서. 가이사에게 세를 바치는 것이 가하니이까 불가하니이까 한대." (신약성경 마태복음 22장 17절)

시저에게, 하나님의 것은 하나님에게 바치라.[46]"라고 대답했습니다.

우리는 인간관계를 체험하면서 때로 혼란에 빠집니다. 어떤 일이든, 잘못의 실체를 판단하기에 앞서 혹시 나의 편견이 시야를 가리고 있는 것은 아닌지부터 확인해봐야 합니다. 사회 각계각층마다 선과 악의 경계가 모호한 경우가 많습니다. 우리나라에서는 합법이고 지극히 정상적인 것으로 간주하는 행동이 다른 나라에서는 처벌을 동반하는 불법 행위일 수도 있습니다. 예를 들어, 많은 나라가 마약을 법으로 금지하고 있지만, 마약을 사고팔고 복용하는 행위에 아무런 제약이 없는 나라도 있습니다. 독일과 프랑스에는 속도제한이 없는 도로도 있습니다. 과속으로 인한 사고의 대가는 본인이 알아서 치르라는 식입니다. 미국도 이혼에 대한 법률이 주마다 다르고, 도박이 합법인 지역도 있습니다. 이처럼 인간이 만든 법에는 명

---

46) "가로되 가이사의 것이니이다. 이에 가라사대 그런즉 가이사의 것은 가이사에게, 하나님의 것은 하나님께 바치라 하시니." (신약성경 마태복음 22장 21절)

확한 기준이 없습니다. 그런데 이것보다 더 큰 딜레마가 있습니다.

사람은 상상할 수 있는 거의 모든 주제에 관해 자기만의 확고한 의견을 갖고 있으며, 자기 생각을 모든 판단의 절대적 기준으로 삼는 경향이 있습니다. 그리고 남이 자기의 기준을 따르지 않으면 배신이라는 식으로 엄포를 놓습니다. 나의 숨은 속셈과 의도가 정직성에서 나온 것인지 아닌지 생각해봐야 합니다. 오늘날에는 부자의 돈을 훔치거나, 교육 정책의 개혁을 요구하며 학교에 불을 질러도 괜찮다고 생각하는 사람의 수가 늘어나고 있습니다. 조직폭력 집단에는 또 자기들만의 법이 있습니다. 그 세계에서는 동료 또는 조직을 배신하는 행위를 최악의 죄로 여깁니다.

세상에는 자녀가 다른 종교를 가진 사람과 결혼하는 꼴을 보기보다는 차라리 자녀를 죽이는 편이 낫다고 생각하는 부모가 아직도 많습니다. 폭력을 동원해서라도 '이교도'와 결합하는 끔찍한 혼인을 막는 것이 자신의 도덕적 책무라고 생각하는 사람들입니다. 기독교에도 다른 종파에 속한 신도와의 결혼식을 주관하지 않는 곳이 있습니다. 신에 대한 불경죄라고 여기는 것입니다. 반대편에는 규칙과 관습을 대역죄로 규정하며 보수적인 생각에 맞서기 위해 직장까지 헌신짝처럼 내다 버리는 자유주의자들이 있습니다. 제 얘기의 요점은, 사람은 완벽하지도 않은 자기만의 생각을 끝까지 지키려 하며, 나와 생각이 다르다는 이유 하나만으로 남을 비난하는 습성을 가지고 있다는 것입니다.

스트레스로 가득한 인간 사회는 신경증 환자를 대량으로 양산하고 있습니다. 신경증 환자는 대체로 행복하지 않습니다. 본인은 아니라고 말할지 몰라도, 무의식적으로 자기의 불만에 공감하지 않는 사람을 원망합니다. 저도 주변에서 남을 비난하는 사람을 많이 보았습니다. 그런 기질을 가지고 태어나는 사람도 있고, 후천적으로 성격이 비뚤어지면서 그렇게 되는 사람도 있고, 삶의 스트레스를 견디지 못해 사방에 대고 욕설을 내뱉는 사람도 있습니다. 비난도 습관이 될 수 있습니다. 처음에는 특정 대상을 향해서만 독설을 퍼붓다가 나중에는 만사에 대해 적대감을 품게 됩니다. 오늘날에는 적대감을 가지지 않은 사람을 찾아보기가 어렵습니다. 자기의 편견을 인지하고 있는 사람은 더욱더 드뭅니다. 나의 의견은 특별한 가치를 지니고 있다는 착각에 빠져 인류를 심판하며 통째로 매도하다가 누군가가 나에게 비난의 화살을 돌리면 분개하며 자리를 박차고 일어나는 사람이 대다수입니다. 내가 하면 로맨스고 남이 하면 불륜이라는 생각이 현실화되는 사례를 수시로 보게 됩니다.

안타깝게도 소위 말하는 '배운 사람' 중에서도 중대한 결정을 내려야 하는 분야의 지식이 부족한 경우가 많습니다. 첫째 아이를 제대로 이해할 준비가 된 부모는 많지 않습니다. 하지만 둘째 내지는 셋째가 태어날 즈음에는 비교적 편한 마음으로, 자신 있게 부모의 역할을 받아들이고 수행할 수 있습니다. 자녀 교육에 대한 경전의 지침은 아주 간단하고 직설적입니다. "매를 아끼면 아이를 망친다.[47]" 하지만 현실에서는 올바르게 훈육하지 않은 아이가 삐뚤어지는 것을 보며 시름에 잠기는 부모가 많습니다. 화가 났을 때는 절대로 아이에게 벌을 주면 안 된다는 오랜 불문율도 있습니다. 반대로 무지하고 앙심을 품은 못난 부모가 자녀를 다치게 하거나 심지어 죽이는 경우도 있습니다. 끔찍한 패륜을 저질러놓고도 후회하지 않고 일말의 자비심조차 보이지 않는 자격 미달의 부모도 있습니다. 결국 자녀의 훈육 문제도 해석의 문제입니다. 가정교육은 부모와 자녀의 관계에 의해 정해집니다. 사랑이 담기지 않은 교정은 폭력에 불과하다는 기본적인 상식을 모르는 부모도 많습니다.

청소년기를 무사히 졸업한 후 사회에 진출한 성인은 널리 잘 알려진 영적 가르침을 행동 지침으로 삼

---

47) "초달을 차마 못하는 자는 그 자식을 미워함이라." (구약성경 잠언서 13장 24절)

습니다. 대부분의 인간은 자신의 행동을 규제하기 위해 어떤 규율을 필요로 합니다. 세계의 모든 주요 종교는 자선, 통찰, 균형, 용서를 강조합니다. 이런 개념을 경멸하는 사람도 있지만, 기본적인 미덕 없이 인류가 생존하는 방법은 없습니다. 국가가 잊고 용서하는 방법을 망각하면 보통 다음 순서는 전쟁입니다. 물론 나는 항상 틀리고 상대는 항상 옳다는 얘기는 아니지만, 이 문제를 조금 더 자세히 생각해볼 필요가 있습니다. 인생에서 헤매고 있는 사람을 돕기 위해 어떤 방법으로 접근할지 고민하기 이전에 나 자신부터 돌아보고 성찰해보는 것이 중요합니다. 남이 나에게 했을 때 불공정하고 비합리적이라고 느꼈던 불쾌한 행동을 내가 남에게 한 적은 없는지 가만히 생각해 보시기 바랍니다.

솔직하게 자기성찰을 한 후에도 내 생각이 옳다는 확신에 변함이 없다면 앞으로도 그렇게 살면서 자기를 계발하면 됩니다. 반대로 내 행동의 동기를 점검하는 일을 피하고 싶은 마음이 들었다면, 내가 불순한 마음을 품고 있을 가능성이 높습니다. 서양에서는 예전부터 개인이든 집단이든, 불굴의 의지로 상대를 변화시키기 위해 노력해야 한다는 의견을 고수했지만, 동양에서는 내가 변해야 세상도 바뀔 수 있다고 생각했습니다. 자기를 계발해서 나쁠 것은 하나도 없습니다. 내가 전보다 나은 사람이 되면 진정성에 대한 확신이 강해지고, 판단력도 예리해지고, 인간의 본성에 대한 지식도 늘어나고, 갈등을 유발하는 대부분의 오해는 이해의 부족에서 비롯된다는 상식적인 결론에 이르게 됩니다. 인생 상담을 위해 저를 찾아오는 사람도 대부분 문제를 이해하기보다는 자기 심정을 털어놓고 이해 받기 위한 목적으로 방문합니다. 세상은 해야 할 일을 아직 끝내지 못한 인간들로 구성된 곳이라는 사실을 잊어버린 사람이 너무 많습니다. 세상 어디에도 완벽한 것은 없습니다. 그러다 보니 대부분의 사람이 자기와 비슷한 생각을 하는 동지만 찾아다닙니다. 생각이 같으면 괜찮은 친구라는 느낌이 들고, 그들의 생각이야말로 칭찬받을만하다고 굳게 믿습니다.

어떻게 해야 이런 심리적 한계를 타파할 수 있을까요? 프랑스인은 프랑스인을 선호하고, 독일인은 독일인을 좋아하고, 이방인은 색안경을 끼고 보3는 심리를 말하는 것입니다. 두 나라 다 완벽함과는 거리가 멀지만, 같은 나라 국민끼리는 언어, 환경, 교육수준, 그리고 (상대적으로 덜하지만) 종교적 성향이 비슷하다는 공통점이 있습니다.

타인이 무언가를 잘못하고 있다는 생각이 들 때, 이 모든 요소를 두루 살펴야 합니다. 수년 전 어느 유명한 성직자가 말했듯이, 남을 평가하고 싶은 생각이 드는 순간이 바로 나의 영혼을 점검해보아야 할 적기입니다. 상대방에 대한 나의 판단이 옳다고 확신하기 전에, 경전에 나오는 또 하나의 좋은 경고문을 되새겨 보시기 바랍니다. "어찌하여 형제의 눈 속에 있는 티는 보고 네 눈 속에 있는 들보는 깨닫지 못하느냐?[48]" 타인의 인생 방향을 정해주고 싶다는 충동이 밀려올 때 가슴에 손을 얹고 이 질문에 대답해보시기 바랍니다. "내가 진짜로 저 사람을 위하는 마음으로 조언을 해주고 싶은 것인가? 진짜 순수하고, 양심적이고, 배려하는 마음에서 우러나온 행동인가?" 혹시 상처받은 자존심을 다시 세우고 싶어서 하는 행동은 아닙니까? 어떤 수를 써서라도 내 의지를 관철해야 한다는 조바심에서 나온 생각은 아닙니까? 거의 모든 개혁의 성패는 개혁가의 기질에 달려 있습니다. 내 힘으로 남을 바꾼다는 것은 몹시 어려운 일입니다. 말로는 네가 어떻게 바뀌어야 한다고 열변을 토해 놓고 막상 내가 솔선수범하지 않으면 다 부질없는 짓입니다. 언행일치가 되지 않으면 오히려 역효과가 날 수도 있습니다.

피타고라스는 불이 활활 타오르고 있을 때 칼로 불을 휘저으면 절대 안 된다고 강조했습니다. 예수는

---

48) 신약성경 마태복음 7장 3절.

될 수 있는 대로 빨리 적의 생각에 동의하는 것이 바람직하다고 말했습니다. 개역 성경에서는 적과 빨리 화해하지 않으면 송사에 휘말릴 것이라는 뉘앙스마저 풍깁니다[49].

사람마다 성향과 기질이 다르기 때문에 생각과 관점도 다를 수 있습니다. 그 차이점을 해소하는 방법도 참 미묘합니다. 제 경험상, 상담하러 온 사람에게 "당신의 성격에 문제가 있는 것 같소."라고 얘기하면 성공적으로 해법을 찾아낼 확률이 급격하게 떨어집니다. 하지만 "누구나 성격상의 단점을 한두 개쯤은 가지고 있습니다."라고 말하며 나도 완벽한 사람이 아니라는 인상을 풍기면 분위기가 화기애애해집니다. 종종 있는 일입니다. 상담의 목적은 고민이 많은 사람 스스로 문제를 발견하도록 유도하는 것입니다. 자기 힘으로 문제를 파악하면 태산을 정복한 위

---

49) "너를 송사하는 자와 함께 길에 있을 때에 급히 사화하라. 그 송사하는 자가 너를 재판관에게 내어 주고 재판관이 관예에게 내어 주어 옥에 가둘까 염려하라." (신약성경 마태복음 5장 25절)

대한 승리지만, 제삼자가 문제를 지적해주면 그건 모욕입니다. 진심으로 상대방을 돕고 싶은 마음이 있다면 그리 어렵지 않습니다. 대부분의 사람은 자기를 향한 비난을 접했을 때 본능적으로 발끈하며 보복의 펀치를 날릴 준비를 합니다. 이런 식으로 작은 문제가 큰 문제로 둔갑하고, 급기야는 해결할 수 없는 지경에 이르기까지 합니다.

인생을 망치고 싶어 하거나 고통을 바라는 사람은 없습니다. 누구나 행복하길 바랍니다. 문제는 행복해지는 방법을 모른다는 것입니다. 마음속에 품은 저의 때문에 내면에서 갈등의 씨앗이 탄생하고, 그 씨앗이 내 주변 사방으로 널리 퍼져 불행을 소환한다는 사실을 잘 모르는 것 같습니다.

누군가에게 조언을 해주고 싶다면 상대에게 상처를 주지 않으면서 진실을 얘기하는 기술부터 터득해야 합니다. 비판을 일삼는 사람은 진실만을 얘기하더라도 세상에서 가장 미움받는 사람이 되는 운명을 피할 수 없습니다. 늘 곤경에 처해 있다는 것은 우주의 법칙을 위반하고 있다는 뜻입니다. 내 말이 항상 옳아야 한다는 생각 때문에 가정이 파괴되고, 자녀들과의 관계가 소원해지고, 사회생활에 타격을 받고, 늙어서는 모두에게 짐이 되는 애물단지로 전락할 수 있습니다. 한순간의 승리를 위해 평생 고통을 받아야 할 수도 있습니다. 남들에게 오해받고, 버려지고, 무시당하면서 종국에는 자기 연민에 빠져 헤어나오지 못하는 우울한 신세가 될 수 있습니다.

솔직한 자기성찰과 영혼의 점검 과정을 마친 후에도 그 사람의 행동이 부당하다고 확신한다면, 다음에는 그 행동의 피해자에 대해 조금 더 자세히 알아볼 필요가 있습니다. 피해자의 행동은 그의 신념에서 비롯된 것인가요? 아니면 어떤 숨은 동기 때문에 상황을 바꿀 생각을 하지 하고 악행을 방관하고 있는 것인가요? 인간은 자기와 직접적인 관련이 없는 오해에 섣불리 개입해서 얻을 것이 없다는 사실을 경험적으로 알고 있습니다. 남의 일에 관여하면 자연스럽게 상대에 대한 평가와 심판이 이루어지고, 결국에는 문제의 당사자가 나에게 화살을 돌리게 됩니다. 물론 타인의 부당한 행동이 범법행위인 경우에는 피해자에게 그 사실을 반드시 알려야 한다는 생각이 들 것입니다. 하지만 단순한 의견 차이로 인해 발생한 갈등에 개입하면 도움이 될 가능성이 그리 높지 않습니다. 카르마가 이미 작용하고 있기 때문입니다.

상담의 어려움 중 하나입니다. 희망이 보이지 않는 심각한 가정 문제를 겪고 있는 사람에게 이혼하라고 조언하면 상담사도 그 순간부터 자신의 조언에 따른 카르마의 대가에 연루됩니다. 이혼만이 유일한 해법이라 해도 소용없습니다. 이 규칙이 날마다 깨지면서 가정불화는 갈수록 증가하고 있습니다. 이혼하라고 단정적으로 말하기보다는 상담하러 찾아온 사람의 진짜 생각을 밖으로 끄집어내기 위해 노력하는 것이 훨씬 지혜로운 방법입니다. 당사자도 이혼이 최선의 해법이라고 확신하고 있나요? 배우자와 화해하는 것이 어떻겠냐고 물으면 부정적인 반응을 보이나요? 피상담자 본인이 결정을 내린 후에는 비로소 상담사가 모두에게 공정하고 원만한 해법을 도출하기 위해 개입하면 됩니다. 제 주위에는 반평생 동안 싸움을 하며 티격태격한 부부도 있습니다. 그렇게 함께 늙어가다 한 사람이 죽자 남겨진 배우자도 상심하여 1년도 채 되기 전에 세상을 떠났습니다.

평생 무려 다섯 개의 전문분야에 종사하며 하는 일마다 두각을 나타냈던 제 친구가 80세에 이르러 자기가 배운 인생 교훈을 이렇게 한마디로 압축했습니다. "누구나 할 수 있는 범위 내에서 최선을 다하며 살고 있다." 남보다 능력이 뛰어난 사람도 있고, 남보다 큰 불행을 안고 사는 사람도 있지만, 대부분의 사람은 자기 생긴 모습대로 열심히 삽니다. 자기를 변화시키는 일에 어려움을 느끼고, 태어날 때부터 가지고 있었던 성향을 고이 모시고 살다가 떠나는 경우도 많습니다. 내 생각과 행동의 주인은 항상 나라는 사실을 발견하기 전까지는 서양 문명도 쉽게 변하지 않을 것입니다. 하지만 지금보다 높은 수준의 행동규범이 사회에 정착되면 보통 사람도 삶과 좋은 관계를 맺으며 행복해질 수 있습니다.

남을 오해하기란 참 쉬운 일입니다. 어느 날 온갖 불만으로 가득한 한 여성이 진료를 기다리며 병원 대기실에 앉아 있었습니다. 그녀는 옆에 조용히 앉아 있던 다른 여성 환자에게 말을 걸며 자기의 슬픔과 불만을 모조리 털어놓았습니다. 사실 그녀의 삶은 객관적으로 봤을 때 비교적 행복한 편이었지만, 깊은 자기연민에 빠진 본인은 그 사실을 모르고 있었습니다. 자기 차례가 오자 그녀는 진료실에 들어가 의사에게 말했습니다. "저도 대기실에 있던 조용하고 차분한 여사님처럼 삶의 문제로부터 자유로워지고 싶어요." 그러자 의사가 미소를 지으며 대답했습니다. "그분은 앞으로 살날이 한 달밖에 남지 않았습니다.

오랜 세월 고통에 신음하다가 드디어 가십니다."

타인이 행동하는 동기와 배경을 확실하게 이해하기란 어렵습니다. 상대가 나를 불쾌하게 하면 일일이 대응하지 말고 피해도 됩니다. 하지만 보다 정확하게 사실관계를 알고 난 후에는 상대의 행동이 불쾌하게 느껴지지 않을 수도 있습니다. 저는 젊은 시절 목회 활동을 할 때 많은 신도를 만나면서 인간의 내면 세상에 대해 많은 것을 배웠습니다. 그때의 경험을 통해 나와 생각이 다른 사람, 심지어 나와 정반대의 관점을 가진 사람조차 비난하고 싶다는 충동을 다스리는 법을 배웠습니다. 뭐든지 역지사지의 관점에서 생각해봐야 합니다. "내가 저 사람과 똑같은 환경에서 자라고, 똑같은 기질, 사고방식, 감정 상태를 가졌더라면 나는 과연 달리 행동했을까?" 이 질문에 대한 솔직한 답변은 "아니오."인 경우가 많습니다.

오늘날 많은 사람이 불만을 가진 분야 중 하나는 산업시스템입니다. 제가 지난 5년 동안 거의 모든 산업 분야의 임원, 기술자, 전문가들과 현대인의 직장 생활에 관해 깊은 얘기를 나누어봤는데, 이들 중 행복하다고 말하는 사람은 많지 않았습니다. 자기가 진짜 잘할 수 있는 일을 하는 것도 아니고, 삶이 엉뚱한 방향으로 흘러가고 있다고들 생각했습니다. 옛날 같았으면 마음에 들지 않는 직장을 때려치우고 다른 길을 찾아봤을 사람도 많았겠지만, 요즘처럼 취업 시장이 얼어붙고 먹여 살려야 할 부양가족이 딸린 상황에서는 이직이 말처럼 쉽지 않습니다. 불행을 감내하고 화를 삼키며 어떻게든 버텨야 하는 상황입니다. 카르마에 대한 책임을 얘기할 때는 카르마를 만들어낸 행동 자체보다 그 행동의 대가가 더 무거운 짐으로 작용할 수도 있다는 사실을 기억해야 합니다.

예전에 죄를 짓고 징역을 살다가 석방된 남성이 저를 찾아온 적이 있습니다. 석방 후 그는 가족을 이끌고 다른 지역으로 거주지를 옮겨 모 은행의 정규직으로 취업을 했습니다. 은행장도 그의 어두운 과거를 알았지만, 개과천선한 그의 듬직한 모습을 신뢰하고 기꺼이 고용했습니다. 그러던 어느 날, 한 지역 주민이 대출을 받기 위해 그 은행을 방문했다가 신용 불량으로 거절을 당하는 일이 일어났습니다. 앙심을 품은 주민은 은행을 뒷조사한 후, 전과자가 그곳에서 일하고 있다는 사실을 알아냈습니다. 그는 이 사실을 동네방네 널리 알렸고, 범죄자를 고용한 은행에 재산을 맡길 수 없다며 모든 예금을 찾아가겠다고 선포했습니다. 소식을 전해 들은 은행 고객들도 예금 대량 인출에 동참하겠다고 으름장을 놓았고, 은행 측은 고객들의 압박을 이기지 못해 결국 그 남성을 해고했습니다.

불행은 당사자의 선에서 끝나지 않았습니다. 가장이 일자리를 잃은 후 가정은 파괴되었고, 자녀들의 학비로 모아뒀던 적금도 바닥이 나고 말았습니다. 여기서 의문이 생길 수밖에 없습니다. 전과자의 실체를 까발린 주민의 행동은 어떤 카르마를 낳았을까요? 그는 순수한 마음으로 진실을 말했을 뿐이라고 주장했습니다. 하지만 그의 숨은 동기는 대출을 거부한 은행을 향한 복수심이었습니다. 그는 그 과정에서 진심으로 잘못을 뉘우치고 새 출발을 하려 했던 한 젊은이의 인생을 망쳤습니다. 그의 가정을 깨고, 배우자와 자녀들을 절망의 늪에 빠트리고, 자녀들의 교육 기회까지 박탈할 수 있는 불행의 씨앗에 불을 지폈습니다. 동인도 철학에서는 악소문을 퍼트려 사태를 촉발한 주민에게 도덕적 책임이 있으며, 악의적인 동기에서 나온 행동이기 때문에 카르마의 가중 처벌을 받게 된다고 설명합니다.

또 하나의 사례를 살펴봅시다. 가십이 취미인 한 여성이 옆집 부인에게 그녀의 남편이 바람을 피우며 돌아다니는 것 같다고 폭로했습니다. 자기 딴에는 진실을 말할 의무가 있다고 생각했던 것입니다. 이 사실을 전혀 몰랐던 마음 약한 옆집 부인은 정신병을 얻어 입원했습니다. 가정은 당연히 풍비박산 났고,

자녀들도 큰 정신적 고통에 시달렸습니다. 제가 그 사실을 어떻게 아냐고요? 수년 후, 폐인이 되어버린 그녀의 아들이 저를 찾아와 속내를 다 털어놨습니다. 가정이 깨진 후 우울증에 빠져 결국엔 마약 중독자가 되었다고 하더군요. 입이 가벼운 그 여성의 카르마는 얼마나 될까요? 그녀는 진실을 말했을 뿐이지만, 아무 죄 없는 사람들이 가장 큰 상처를 입었습니다.

마지막으로 세 번째 사례를 살펴보겠습니다. 어느 가구점의 스타 영업사원을 시기하고 질투하던 영업사원이 있었습니다. 호시탐탐 정상의 자리를 넘보던 그 영업사원은 사장을 찾아가 그의 라이벌이 알코올 중독자이며, 수시로 분노를 주체하지 못하고 폭발하는 고약한 습관이 있다고 고자질했습니다. 걱정된 사장은 스타 영업사원을 불러 이 문제를 논의했습니다. 평소 퇴근 후 가볍게 술을 한 잔씩 걸치던 영업사원은 자신이 음해의 대상이 되고 있다며 화를 냈고, 바로 그 자리에서 해고되었습니다. 고자질한 직원은 회사를 보호하기 위해 진실을 말했을 뿐이라고 항변했지만, 그의 숨은 동기는 동료를 밀어내는 것이었습니다. 그는 결국 성공했습니다. 그렇게까지 해서 정상의 자리에 올랐지만, 그 역시 얼마 후 부정행위가 적발되어 해고되었습니다. 처음에 해고된 스타 영업사원의 운명이 그 후 어떻게 풀렸는지는 저도 모릅니다. 하지만 해고의 충격으로 재기하는 과정에서 애를 먹었거나 인생이 꼬이기 시작했다면, 그 책임은 고자질을 했던 사원에게 있습니다. 스타 사원이 죽을 때까지 고생한다면, 그때까지 그의 카르마를 대신 짊어져야 합니다.

제가 지금까지 공유한 몇몇 사례를 통해 우리가 쉽게 간과하는 진리를 발견할 수 있습니다. 행동 하나의 장기적인 결과를 예측하기는 어렵지만, 정직성을 앞세운 잔인함과 매정함은 불행으로 이어질 가능성이 높다는 점입니다. 이런 사례는 무수히 많습니다. 누구나 살면서 한 번쯤은 '정직한 행동'의 피해자가 되는 경험을 합니다. 특히 종교 분야에서 이런 일이 많이 일어납니다. 예를 들어, 베네치아에서는 맹세를 지킨다는 구실로 복수의 대상을 비난하는 익명의 쪽지를 돌로 만든 사자의 입에 넣는 악습이 있었습니다. 쪽지의 내용을 근거로 선량한 시민을 옥에 가두고, 고문하고, 죽이는 만행이 비일비재하게 일어났습니다. 이렇게 해서 억울하게 피해를 본 사람의 수가 수천 명에 이릅니다. 쪽지를 작성한 사람은 영웅 대접을 받았을지도 모릅니다. 하지만 역사학자들에 따르면 대부분의 쪽지가 작성자의 개인적 원한 또는 탐욕에서 비롯되었다고 합니다.

당사자가 원하지 않는데도 꼭 간섭해야겠다는 마음을 잠재울 수 없다면, 다음의 몇 가지 규칙이 도움이 될 수 있습니다. 우선 당사자의 뒤에서 좋지 않은 소문을 퍼트리지 마세요. 그냥 내버려 두었다간 큰 갈등으로 이어질 소지가 있는 문제라면 뒤에서 수군대지 말고 직접 찾아가서 간략하게, 침착하게 얘기하는 것이 낫습니다. 왜 이게 잘못이라고 생각하는지 본인의 의견을 솔직하게 전달하고, 상대방이 모멸감을 느끼지 않도록 합리적으로 설명해주는 것이 좋습니다. 여기까지 하면 나의 책무는 끝난 것입니다.

조언을 원치 않는 사람에게는 조언을 해줘선 안 됩니다. 훌륭한 인품으로 많은 사람의 존경을 받는 어느 상담사는 '책임'을 이렇게 정의했습니다. "초대장도 받지 않았으면서 타인의 삶을 대신 살려고 하면 그 사람의 삶에 대해 완전하게 책임을 져야 한다. 그런 시도는 거의 항상 비극으로 끝난다." 인생 경험이 아무리 풍부하더라도 타인의 삶에 작용하는 모든 복합적인 요소를 완전히 이해할 수 있는 사람은 없습니다. 타인이 나를 찾아와 도움을 요청하거나 조언을 구하면 좋든 싫든, 책임감을 느끼고 도움의 손길을 내밀어야 합니다. 하지만 상대가 먼저 청하기 전에는 내 문제가 아닙니다. 나서지 말고 가만히 있는 것이 좋습니다.

상대의 요청으로 조언을 하게 되었다면 그때부터는 인내심을 가진 상담사가 되어야 합니다. 나의 말 한마디가 어떤 결과로 이어질지 항상 염두에 두고 신중해야 합니다. 타인에게 큰 도움을 줄 수 있는 위치에 있음에도 불구하고 대수롭지 않다는 투로 조언만 하고, 그 조언을 따른 결과가 어떻게 나타나는지 확인하지도 않은 채 제 갈 길을 가는 사람이 너무 많습니다. 섣부른 조언을 따랐다가 당사자가 낭패를 보면 언제든 "네가 내 말을 오해해서 그런 것이다." 또는 "내가 한 말을 문자 그대로 따르지 않아서 그런 결과가 벌어진 것이다."라고 말하며 도망갈 구멍을 미리 만들어 놓습니다.

예전에 벤 린지 판사가 제게 이런 말을 한 적이 있습니다. "국민을 위해 봉사하는 사람은 범죄자를 벌하기보다는 그들을 교화시키기 위해 더 큰 노력을 기울일 책무가 있다." 인간은 자기 기분을 상하게 한 사람에게 본능적으로 반격의 펀치를 날리고 싶어 합니다. 곤경에 빠져 주저앉은 사람을 비난하고 밟으면 인류의 운명이 발전할 수 없습니다. 하지만 어색하고 불편한 상황이 나에게 주어진 과제라고 긍정적으로 생각하면 전화위복이 될 수 있습니다. 상황을 개선하고 모두에게 도움이 되는 지혜로운 전략을 짜내기 위해 모든 역량을 동원해보는 것입니다. 불만이 많은 성인은 심통 난 아이와 크게 다르지 않습니다. 정도의 차이만 있을 뿐, 뿔난 원인은 같습니다. 도덕률이든 사회의 법이든, 다 최대 다수에게 최대의 행복이 돌아갈 수 있도록 하기 위해 만들어진 것입니다. 고대 그리스인들도 최상의 해법은 찾지 못했습니다. 개인의 야망과 집단의 목적이 일치하기 전에는 영원히 이 문제를 해결할 수 없을 것입니다.

종교와 철학은 인간의 본성에서 태어날 수 있는 거의 모든 문제의 시험을 받았으며, 역사는 인간의 행동이 불러오는 장기적인 결과를 자세하게 기록하고 있습니다. 이미 세상을 떠난 역사 속 인물의 잘못된 행동이 현대를 사는 인간의 삶을 비극으로 이끈 사례도 부지기수이며, 선의의 조언도 불행의 씨앗 중 하나입니다. 주요 종교의 경전은 모든 형태의 거짓 증언을 금지하고, 인간관계에서 벽에 부딪혔을 때 자기성찰을 통해 나의 진짜 의도가 무엇인지부터 파악할 것을 주문하고 있습니다. 갈등을 어떻게 풀어야 할지 몰라서 혼란스러울 때는 마음을 편하게 먹고 용서하겠다는 자세로 임할 것을 권하고 싶습니다. 나의 태도 변화가 상대방에게 영감을 줘서 긍정적인 변화를 촉발하는 계기가 될 수도 있습니다.

잘못을 용납해서는 안 되지만, 비난한다고 해서 해결되는 것은 없습니다. 악을 악으로 갚아서 선이 탄생한 전례는 아직 없습니다. 눈에는 눈, 이에는 이라는 식으로 대응하면 내가 그토록 원망하는 사람과 똑같이 됩니다. 그리스도는 제자들에게 원수를 용서하라고 가르쳤습니다. 부처도 마찬가지였습니다. 일반적으로 관용과는 거리가 있는 사람으로 알려진 무함마드조차 이에 동의했습니다. 우리가 남의 일에 간섭하지 않아도 카르마의 법칙은 정확하게 작용합니다. 성경에는 이렇게 기록되어 있습니다. "복수는 나의 것이다. 내가 갚으리로다.[50]" 이 구절에서 '나'를 '법'으로 바꾸면 카르마의 책임을 명확하게 설명하는 표현이 됩니다. 옳고 그름의 판단 기준이 법규나 규정에 구체적으로 명시되어 있지 않아 모호한 경우에 내가 판사의 역할을 대신하려 해서는 안 됩니다. 그랬다가는 나도 언젠가는 피고인이 되어 타인의 심판을 받게 됩니다.

---

50) "보수는 내 것이라 그들의 실족할 그 때에 갚으리로다." (구약성경 신명기 32장 35절); "아무에게도 악으로 악을 갚지 말고 모든 사람 앞에서 선한 일을 도모하라. 할 수 있거든 너희로서는 모든 사람으로 더불어 평화하라. 내 사랑하는 자들아 너희가 친히 원수를 갚지 말고 진노하심에 맡기라 기록되었으되 원수갚는 것이 내게 있으니 내가 갚으리라고 주께서 말씀하시니라." (신약성경 로마서 12장 17~19절)

같은 환경에서 자랐는데 왜 다른가요?

질문 #3 (PRS Journal, 1984년 겨울호): 연년생인 두 아들이 있는데, 성격이 정반대입니다. 큰 애는 어릴 때부터 야망이 강했습니다. 대학에서는 공부를 잘해서 매번 장학금을 탔고, 운동신경도 좋아 축구부의 스타로 활약했습니다. 회사에 취직한 후에는 고속 승진을 거듭했습니다. 다들 이 아이가 앞으로 크게 출세할 것이라고 얘기합니다. 반대로 둘째는 아기 때부터 아주 조용하고 온순했습니다. 스포츠에는 관심도 없고, 고등학교도 평범한 성적으로 졸업했습니다. 둘째는 독서를 좋아하고 미술 감각이 있습니다. 그러던 어느 날 선교사가 되고 싶다면서 신학대학에 지원서를 냈습니다. 어린 시절부터 신앙심이 강했던 둘째는 전생에서 그 성품을 가지고 온 것일까요?

답변: 세계적으로 유명한 신학자들의 생애를 살펴보면 상당수가 전생의 경험과 동기를 현생에서 실현한 것 같다는 느낌을 지우기가 어렵습니다. 물질 세

상의 유혹으로부터 완전히 자유롭지는 않았지만, 이들은 삶에서 큰 시련이 닥칠 때마다 본능적으로 종교로 시선을 돌리고 위안을 얻었습니다. 대표적인 사례로 아시시의 성 프란체스코[51]와 성 아우구스티누스[52]를 들 수 있습니다. 성 토마스 아퀴나스는 어린 시절부터 신을 섬기는 일에 헌신했고, 그의 마음을 돌리려던 야심 많은 가족의 시도도 끝내 실패로 돌아갔습니다. 제가 오늘날의 교회를 관찰한 바에 따르면 크게 두 가지 유형의 목회자가 있는 것 같습니다. 첫 번째는 조직을 잘 운영하고 수완이 좋은 사업가 유형입니다. 그는 부유한 신도들에게 인기가 많고, 그들의 재정적 후원으로 교세를 확장하는 일에 열을 올립니다. 사회생활도 잘합니다. 하지만 부를 지향하는 모습과 매너리즘에서는 겸손함을 찾아보기 어렵고, 그

---

51) St. Francis of Assisi (1181/82 ~ 1226). 이탈리아의 가톨릭 수사, 부제, 설교가. 작은 형제회Order of Friars Minor, 성 클레어 수녀회Order of Saint Clare, 제3회 성 프란체스코 수도회Third Order of Saint Francis, 작은 형제회 성지보호관구Custody of the Holy Land의 설립자.
52) St. Augustine of Hippo (354 ~ 430). 로마 아프리카의 초기 기독교 신학자, 철학자. 히포레기우스Hippo Regius의 주교.

의 설교에는 신비주의적 깊이가 부족한 경우가 많습니다.

두 번째 유형에 속한 성직자의 모습은 차분하고 평온합니다. 부드러운 눈매에서는 영혼의 깊이가 느껴지고, 속세의 때가 묻지 않은 듯한 인상을 줍니다. 그는 자기에게 할당된 양 떼를 위해 몸과 마음을 바치는 선한 목자로, 특히 중산층과 서민을 위해 열심히 노력합니다. 이런 유형의 성직자는 순수한 열망을 가지고 있지만, 야망은 거의 없습니다. 조용히 신의 뜻을 따르고자 하는 신도들의 존경을 한 몸에 받는 그는 병자와 임종을 앞둔 자들을 위로하기 위해 병석에 몇 시간씩 앉아있는 사람입니다. 만약 남성 성직자라면 뜻을 같이하는 소박하고 참한 여성을 만나 함께 헌신하는 삶을 사는 것이 바람직합니다.

골상학자phrenologist와 관상가physiognomist들에 따르면 태생적으로 성직자가 될 운명을 띤 사람들의 얼굴에는 눈에 띄는 몇 가지 특징이 있다고 합니다. 머리는 좁은 편입니다. 얼굴 하단은 발달하지 않았지만 이마는 높습니다. 특히 이마와 머리 위가 닿는 부분이 두각을 나타냅니다. 머릿결은 부드럽고, 귀는 높고, 피부는 밝고 창백한 경우가 많습니다. 이런 사람이 종교적 신념을 더욱 강화하는 고등 교육까지 받으면 아픈 사람을 돌보는 의료 선교사 또는 선생이 될 수 있습니다.

성직자는 자신이 택한 종파의 가르침으로부터 많은 영향을 받습니다. 하지만 교리에 너무 몰두하다가 시각이 좁아지고, 편견을 키우고, 광신적인 믿음에 빠지면 성직자 생활이 비극으로 끝날 수 있습니다. 오늘날에는 관점을 넓히고 종파의 엄격한 교리에서 탈피하는 성직자들이 점차 늘어나는 추세입니다.

세속적인 성공을 삶의 목표로 삼는 사람은 전생에서 그 야망을 안고 태어났을 가능성이 아주 높습니다. 야망이 강한 물질주의자가 되기 위해서는 오랜 경험이 필요합니다. 완벽한 물질주의자는 동료를 이용하여 이익을 취하는 방법을 본능적으로 알고 있습니다. 그는 한평생을 살고도 오만의 크기를 한 치도 줄이지 못한 채 세상을 떠날 공산이 큽니다. 개인적인 목적 달성을 위해 타인의 행복과 안전을 기꺼이 짓밟는 자기중심적 사람은 인류 역사 초기부터 있었습니다. 그 후 여러 차례 환생하면서 아무것도 배우지 못하고 오늘에 이른 사람도 있습니다.

15세기에 들어 서양 종교의 역사는 일대 변혁을 맞았습니다. 종교개혁이 일어나기 전까지만 해도 속세를 등지고 수도원이나 수녀원에 들어가 평화로운 삶을 추구하는 독실한 신도들이 많았습니다. 삶의 비극으로부터 도피하기 위해 종교에 귀의하는 사람도 많았습니다. 인간 사회에 환멸을 느끼거나 인생의 쓴맛을 본 후 지친 심신을 이끌고 입산한 것입니다. 태생적으로 종교적 성향이 강한 사람 중에는 신경증 증세를 보이거나 낙천적인 성격과 마음의 평온이 결여된 사람도 종종 보입니다. 전생에서 어떻게 살았는지에 대한 기억은 없지만, 인간 사회에 섞여 사는 것이 고통스러워 피하려 하는 경향도 있습니다. 외향적인 사람은 내성적인 사람과 잘 어울리려 하지 않습니다. 자기와 다른 사람은 틀림없이 자기기만의 피해자일 것이라고 단정을 짓습니다.

지금까지 설명한 두 가지 유형 외에 요즘 새롭게 부상하고 있는 세 번째 유형의 구도자도 있습니다. 전생에서 경험한 아픔과 실망을 부분적으로나마 기억하고 있는 이들은 이번 생에서 고통스러운 상황을 피하려는 강한 충동을 가지고 있습니다. 그래서 특정 종교 단체에 신도로 등록하여 활동하는 대신 스스로 내면의 안전을 구하려 합니다. 말하자면 초기 그리스인들이 추구했던 믿음과 사상이 현대에 부활하고 있는 것이라 할 수 있습니다. 존 클라크 리드패스[53]는 저서 《세계의 역사Universal History》에서 종교는 전통적으로 가정생활의 중요한 일부분이었다고 설명했습니다. 사제 역할을 하는 가장의 지도하에 가족 구성원

---

53) John Clark Ridpath (1840 ~ 1900). 미국의 교육자, 역사학자, 편집자.

모두가 예식을 행하고, 종교의 가르침을 생활에서 실천하겠다고 다짐하는 신성한 행사였다는 것입니다. 신비주의 단체에 입문한 옛 그리스인도 신을 섬기고 가르침을 전파하는 삶을 인생의 목표로 삼았습니다.

이처럼 오랫동안 종교 활동이 가족 단위로 이루어지다가 훗날 사제계급이 등장하게 된 가장 큰 이유는 편의성 때문이었습니다. 사제의 본래 역할은 공동체의 수호신을 기념하는 축제를 주관하고 공물을 바치는 의식을 집행하는 것이었습니다. 고민거리를 들고 찾아오는 시민들의 하소연을 들어주거나 상담을 해주는 경우도 더러 있었지만, 이것이 사제의 의무는 아니었습니다. 공동체의 규모가 커지면서 사제단은 사원을 지키고 운영하는 역할도 맡게 되었습니다. 신의 신비를 탐구하며 일생을 바치고 싶었던 당시의 젊은이들은 사원에 몸담거나 자선활동을 하며 영혼의 갈증을 해소했습니다.

자녀도 나와 똑같은 독립적인 인간이며, 지금까지

수많은 생을 살았고, 앞으로도 수차례 환생하면서 신에 이르는 길을 함께 걸을 영혼이라는 사실을 한시도 잊어서는 안 됩니다. 자녀의 신념을 무시하고 부모로서의 권위를 행사하고 싶은 마음이 든다면 잠시 멈추고 내 행동이 어떤 결과를 가져올지 진지하게 생각해 보시기 바랍니다. 자녀가 돈 많이 벌고 유명해지기를 바라는 이유는 무엇인가요? 내가 이루지 못한 일을 자녀가 대신해서 성취하길 속으로 바라고 있는 것은 아닌가요? 장기적으로 봤을 때는 착하고 생각 깊은 아이가 노년에 내 곁을 지켜줄 가능성이 높습니다. 성공과 출세를 좇는 아이는 자기 삶에만 신경을 쓴 나머지 연락조차 끊길 수도 있습니다.

아메리칸 인디언 사회에서는 다른 아이들에 비해 재능이 모자란 아이들을 특별 관리합니다. 이런 아이들은 전사로 키우지 않고, 자기 능력이 닿는 범위 내에서 부족에 기여하는 방법을 따로 마련해 줍니다. 위대한 추장과 용맹스러운 전사는 이름을 날리지만,

치료 주술사는 부족 주민의 영적 삶을 지도하는 역할을 했습니다. 한때 그들의 종교와 전통도 서서히 사라져가는가 싶더니 최근에 인디언의 신비스러운 치유 기법에 대한 관심이 폭발하면서 이 분야에 대한 책도 줄줄이 출간되고 있는 상황입니다.

고대의 지식을 현대의 문제에 적용하여 해결책을 찾아보겠다는 생각을 하는 사람은 많지 않습니다. 전생에서 의사였던 사람도 이번 생에서 의료인으로 활동하기 위해서는 의대에 진학하여 현대의학을 공부해야 합니다. 그가 이번 생에 가지고 온 것은 병자를 돕고 싶다는 소망과 의료인으로서의 생활과 의술에 대한 전반적인 경험입니다. 현대의학은 빠른 속도로 발전하고 있기 때문에 이번 생에서 새로운 지식과 기술을 습득해야 합니다. 즉, 명의가 될 팔자인 사람은 아스클레피오스[54] 서약의 정신을 간직한 상태로 태어나며, 성인이 되어 현대의학을 섭렵한 후 실력이 뛰어날 뿐 아니라 오래전 의성醫聖의 신전에서 배웠던

---

54) Asclepius. 고대 그리스의 종교와 신화에 등장하는 영웅, 의학의 신.

영적 가르침까지 겸비한 의사가 됩니다. 요즘엔 찾아보기 힘들지만, 이런 사람은 훌륭한 가정의 또는 일반의가 될 수 있는 재목입니다.

설득력 있는 환생의 증거는 오히려 종교계에서 더 찾기 쉽습니다. 신비체험을 하면서 전생의 희미한 기억을 엿보는 사람도 있습니다. 물론 이런 비전의 유효성을 증명하기란 어렵거나 불가능하지만, 당사자에게는 아주 특별한 의미를 지니게 됩니다. 전생에서 이타적으로 살았던 사람은 이번 생에서도 타인을 위해 봉사하는 삶을 택할 가능성이 높습니다. 그런 삶을 본능적으로 선호하기 때문에 자연스럽게 이끌리는 것입니다. 고대에 학자였던 사람은 이번 생에서도 책에 빠지고, 호전적인 성격의 소유자는 이번 생에서도 그 버릇을 고치지 못할 가능성이 높습니다. 괴팍한 성격의 원인을 유전적 요인에서 찾기 위해 족보를 뒤지고 조상을 추적하는 것은 카르마에 대한 논의를 피하려는 술책에 불과합니다.

인생을 결정짓는 여러 요소 중 가장 중요한 것이 바로 카르마입니다. 전생에서 있었던 일이라 기억나지 않지만, 모든 인간은 과거의 행동에 걸맞은 수확을 하게 되어 있습니다. 전생에서 좋은 것을 성취했으면 이번 생에서 그 자산을 인격 향상의 도구로 쓸 수 있습니다. 나의 장점은 조상이 아니라 전생의 나로부터 상속받은 재산입니다. 내가 전생에서 갚지 못한 영적 빚도 내 명의로 되어 있습니다. 아무리 오래된 빚이라도 언젠가는 내 힘으로 갚아야 합니다.

종교적 성향이 강한 사람 중에는 부당한 형벌이라는 이유로 카르마의 법칙을 거부하는 사람도 있습니다. 하지만 범죄와 죄악은 인류의 유산이라는 사실을 기억해야 합니다. 알렉산더와 함께 전장에서 살육을 자행했던 병사는 다음에 환생하여 시저의 명령을 따랐을 수도 있습니다. 칭기즈칸을 따라 아시아 대륙을 누볐던 수백만 병사 중 일부는 나폴레옹의 야망을 채우는 데 도움을 주기 위해 다시 태어났다가 장렬히 전사했을 수도 있습니다. 전쟁으로 인해 산더미처럼 높게 쌓인 인류의 카르마가 해소되기 전에는 세계평화가 찾아올 수 없습니다. 다행스럽게도 오늘날 세계평화의 정착에 기여하겠다는 확고한 사명을 띠고 태어나는 영혼의 수가 늘어나는 추세입니다. 카르마의 작용은 오묘합니다. 우리가 오래전에 저지른 실수를 바로잡도록 행동하는 용기와 의지를 부여하면서 계속 자극합니다.

무지 상태에 머물러 있으면서 아무것도 하기 싫어하는 게으름뱅이 영혼도 있습니다. 세상의 발전을 위해 나서고 싶은 충동이 없는 사람들입니다. 이런 유형의 사람은 교육을 완강하게 거부하고, 책임을 회피하고, 수단과 방법을 가리지 않고 물질적 안락을 위해 행동하면서 세월을 보냅니다. 이들은 전생에서 지주 또는 잔혹한 독재자 밑에서 오랫동안 착취당하다가 최근에 해방된 노예일 가능성이 있습니다. 이런 사람은 개인의 성장과 영혼의 잠재력이라는 개념을 익히는 데 시간이 조금 걸릴 수 있지만, 이들도 좋은 카르마를 만들어내면서 구속으로 점철된 과거를 내려놓고, 더욱 행복한 미래를 설계하기 위해 노력하는 쪽으로 삶의 방향을 수정할 수 있습니다.

성숙하지 않은 사람이 기발한 재주로 돈이나 사회적 지위를 얻으면 금세 위기에 처하게 될 가능성이 높습니다. 이번 생에서 효율적으로 삶을 관리하기 위해서는 전생의 나로부터 도움을 받아야 합니다. 실수를 바로잡지 않은 상태로 살면 문제가 더욱 복잡해지는 경향이 있습니다. 바로 이 시점에서 환생의 교리가 삶에 결정적인 영향을 줄 수 있습니다. 전생은 존재하지 않고, 이번 생에서 죽고 나면 나의 존재도 없어진다고 믿는 상태에서는 자기계발의 동기가 사라집니다.

과학계에서는 조심스럽게 무용론의 개념을 내세우며 이 상황을 이용하려 하고 있습니다. 운명이란 것은 없기 때문에 운명에 대한 책임도 있을 수 없고,

변덕스러운 자연이 자기 마음대로 사람마다 독특한 개성과 능력을 부여하고, 우리는 선택의 여지 없이 그 특성을 후손에게 전수한다는 것입니다. 결국 세상에 중요한 것은 하나도 없다는 비관론입니다. 그렇게 말하면서도 과학자들은 존재의 신비를 캐기 위해 지금도 연구에 몰두하고 있습니다. 그러는 동안 진정성은 비틀거리고, 협력은 깨지고, 소망은 신기루가 되어 무너지고 있습니다. 환생의 개념이 도입되면 상황이 바뀝니다. 때로 불편할 수도 있지만, 솔직하게 현실을 바라보는 방법을 제시합니다. 인간은 어떤 구체적인 목적으로 창조되었으며, 그 목적을 실현하기 위해서는 자연과 협력해야 한다는 것이 바로 현실입니다. 인간이 해야 할 일은 없고, 목적지도 없이 세상을 표류하는 것이 인간의 운명이라는 생각을 받아들인 현자는 역사상 단 한 명도 없었습니다.

옛 중국인들은 세상의 모든 아기가 각자 어떤 분야에서 성공하는 운명을 가지고 있다고 생각했습니다. 아쉽게도 대부분의 부모는 갓 태어난 아기의 잠재력과 미래의 운명을 알지 못합니다. 그래서 아기가 조금 크면 다양한 직업, 업종, 기술 등을 상징하는 물건들로 만든 원 안에 아기를 앉혀 놓고 기다리는 '돌잡이' 행사를 했습니다. 어리둥절한 아기는 알록달록하고 화려한 물건들을 잠시 둘러보다가 어디론가 향해 기어가며, 가족은 아기가 손에 집은 첫 번째 물건이 하늘이 점지해 준 미래 직업이라고 믿었습니다. 그 후 가족은 아기가 '선택'한 분야에서 성공할 수 있도록 필요한 교육 기회를 만들어줬습니다. 어찌 보면 오늘날의 적성검사만큼이나 효율적인 방법이 아닐까 하는 생각이 듭니다.

오늘날 다양한 분야에서 두각을 나타내는 사람은 많지만, 진정성은 갈수록 사라지고 있습니다. 카르마의 작용은 인간의 동기를 평가 기준으로 삼습니다. 카르마는 인간의 행동 자체보다는 그 행동을 취한 동기를 보고 상벌을 결정합니다. 카르마는 이타주의를 최고의 미덕으로 꼽으며, 남을 돕기 위해 산 사람에게 가장 큰 상을 내립니다. 반면 강하지만 잔인한 사람은 나중에 우주에 진 큰 빚을 갚아야 합니다. 착실하고 생각이 깊은 사람은 속세의 기준으로 성공하지 못할지 모르지만, 마음이 평온해지고 천국에 있는 개인 금고에 보물이 쌓이는 보상을 얻습니다.

불교의 가르침에 따르면 우리는 완전한 존재가 아니기 때문에 세상에 태어났습니다. 완전하지 않은 것은 죄가 아니지만, 그것 때문에 삶이 불편해질 수는 있습니다. 행동의 동기와 방향을 이해해야 합니다. 과거의 실수를 바로잡으면 같은 실수로 고생할 일이 없어집니다. 잘못을 되풀이하지 않는 한, 같은 죄로 여러 번 벌을 받는 경우는 없습니다. 이익을 위해 날마다 원칙과 타협하는 사람도 있지만, 자연은 강제로라도 행동을 교정하고 자기를 계발하도록 인간을 자극합니다. 우리가 지금까지 경험한 수백 차례의 전생을 하나의 실에 꿰어져 있는 구슬에 비유하면 조금 더 이해가 쉬울지도 모르겠습니다. 각각의 전생은 독립적인 것이 아니라, 우리의 성장에 기여하는 경험이자, 노하우이자, 자산입니다.

서양인 중에는 어렸을 때부터 죄에 대한 용서라는 종교적 교리가 머릿속에 각인되어서 카르마의 개념을 잘 이해하지 못하는 사람들이 많은데, 종교와 카르마는 상호배타적인 개념이 아닙니다. 기독교 신자도 회개하고 속죄하지 않으면 죄의 사함을 받지 못합니다. 카르마의 개념도 똑같습니다. 우리가 환생하는 이유는 속죄의 기회를 얻기 위함입니다. 악덕을 고치는 유일한 방법은 미덕을 키우는 것입니다. 우리는 육신을 가진 존재로 태어나 선을 행하고, 타인에게 너그럽게 대하고, 나의 도움이 필요한 사람을 위해 헌신함으로써 자연에 진 빚을 갚을 수 있는 아름다운 특권을 받았습니다.

부모로서의 책무도 우리가 물려받은 유산입니다. 가족에 대한 책무를 나의 것으로 받아들이는 순간,

카르마와 환생이 개입하여 우리를 지도합니다. 오늘날에는 부모가 된다는 것을 특권이라기보다는 부담이라고 여기는 분위기가 팽배해 있습니다. 책임이 따르는 지긋지긋한 일을 피하려 꾀를 부리는 사람도 많습니다. 카르마의 빚은 계속 쌓여가는데, 그걸 중화시킬 이타주의적 사랑은 많이 부족한 상황입니다. 책임을 외면하다 부모의 걱정은 깊어만 가고, 문제는 더 복잡해지고, 자녀의 삶은 도덕적 기반이 취약하고, 비극의 그림자가 점차 짙게 드리워져 옵니다. 이 순환은 과학자가 실험실에서 재현할 수 있는 자연의 현상과 하나도 다를 바 없이 정확합니다. 하지만 현대의 교육시스템은 도덕과 윤리의 과학은 무시하고, 경제적으로 성공하기 위해 모든 수단을 동원해야 한다고 아이들을 세뇌합니다.

옛날에는 부모의 자녀교육이 실패했을 때 도움을 주는 철학자도 있었습니다. 소크라테스는 무지하고 책임감 없는 부모의 자녀를 도우려다가 사형 선고를 받았습니다. 당시에는 이상주의적 철학과 신비주의 종교가 힘을 합쳐 아이들의 정신과 감정을 보호하기 위해 애썼습니다. 하지만 오늘날의 철학은 20세기 내내 부진을 면치 못하고 있습니다. 고등 교육의 기계적인 시스템과 과학 진보의 그림자에 가려진 많은 지식인이 이상주의를 버리고 동화 속 북 치는 소년의 장단에 맞춰 무덤을 향해 걸어가고 있습니다. 다행스러운 것은, 최근 25년간 변화의 조짐이 보이기 시작했다는 점입니다. 제가 보기에는 서양이 아시아의 신비주의 가르침을 직접 접한 것이 큰 작용을 한 것 같습니다. 동양의 사상은 기독교 신비주의의 토대를 더욱 견고하게 만들고 기존 신학의 경직된 교리를 재검토하도록 자극하는 계기가 되었습니다. 대형 출판사에서도 이 분야의 서적을 출간하고 있고, 일부 명문 대학에서는 동양 신비주의 교리를 정식 교과목으로 채택하고 있습니다. 말하자면, 카르마의 법칙이 불행의 늪에 빠진 우리를 구원해주고 있는 것입니다. 생명력이 결여된 고등 교육에 지친 서양인들이 성경에 기록된 다음 문구의 참 의미를 이해하기 시작한 것입니다. "너희 중에 누가 아들이 떡을 달라 하면 돌을 주며, 생선을 달라 하면 뱀을 줄 사람이 있겠느냐?[55]"

몇 년 전에 삶의 법칙을 지키는 사람은 그런 법칙이 따로 있는지도 모르며 산다는 얘기를 어디선가 읽은 적이 있습니다. 법칙을 어길 때 법이 검은 법복을 입고 우리 앞에 나타나는 것입니다. 법의 존재를 성가시게 여긴 인류는 자기에게 유리한 방향으로 법을 뜯어고치려 했다가 수천 년의 시행착오 끝에 인간이 우주의 법을 바꾸는 것은 불가능하다는 결론에 도달했습니다. 유일한 해법은 인간이 바뀌는 것입니다. 우리가 변화를 이뤄내면 전설 속의 황금시대가 다시 찾아올 수 있습니다. 자연은 잔인한 부모가 아니지만, 순종하지 않으면 어떻게 되는지 확실하게 자녀에게 알려줍니다.

질문 주신 분의 두 아들 중 큰아이는 둘째보다 도

---
55) 신약성경 마태복음 7장 9~10절.

덕적으로 덜 성장한 상태일지도 모른다는 생각이 듭니다. 큰아이는 앞으로 살면서 자연의 도덕과 윤리를 위배하지 않도록 각별히 주의해야 할 것입니다. 무자비한 비즈니스의 세상에서 남을 해치지 않고 성공한다는 것은 결코 쉬운 일이 아닙니다. 자연은 사기를 쳐서라도 살아남는 자를 보상한다고 생각하는 사람이 많은데, 이건 전혀 사실이 아닙니다. 호되게 당하고 피눈물 흘려보면 알게 됩니다. 반면 둘째는 영혼의 고향으로 직행하고 있을 가능성이 있습니다. 어쩌면 전생에서 절대로 잊히지 않는 놀랍고 신비스러운 체험을 했는지도 모릅니다. 그가 살아가는 방식을 시기하고 질투하며 비난하는 사람도 많겠지만, 순수한 마음을 유지하면 갈등 없이 목표를 성취하면서 잘 살 수 있을 것입니다. 두 아들이 여사님의 삶에 들어온 의미에 대해 깊게 생각해봐야 합니다. 두 형제도 서로를 이해하기 위해 노력하고, 같은 가족의 일원으로 태어난 한 이유가 무엇일까에 대해 고민해봐야 할 것입니다. 자연은 새 한 마리가 하늘에서 떨어지는 일도 일일이 기억하고 기록합니다. 모든 생명은 존재의 목적을 실현하고 완전한 깨달음의 경지에 이르는 운명을 지니고 있습니다. 이 점을 항상 기억하시고 화목한 가정을 꾸려나가시기 바랍니다.

다음 생에서 일어날 일을 미리 정하고 오나요?

질문 #4 (Horizon, 1957년 겨울호): 인간은 환생할 때 다음 생의 세세한 부분까지 미리 계획하고 태어나나요? 그게 사실이라면, 인간이 자유의지로 이미 정해진 미래를 바꾸는 것이 가능한가요?

답변: 전에도 비슷한 질문이 접수된 적이 있는데, 그 후 많은 시간이 흘렀으므로 이번 기회에 이 문제를 조금 더 깊게 다뤄보면 좋을 것 같습니다. 운명이냐, 아니면 자유의지냐의 문제는 오래전부터 종교와 철학의 화두였습니다. 이 문제를 해소하고 타협점을 찾기 위해 '제한적인 결정론Limited Determinism'의 교리를 제시한 신학자[56]도 있었습니다. 삶에서 인간의 힘으로 제어할 수 있는 일도 있지만, 큰 관점에서 봤을 때는 제약을 벗어날 수 없다는 이론입니다. 이상주의 철학에서도 대체로 이 이론을 지지하고 있습니다. 인간은 자신의 힘으로 결정을 내릴 수 있는 정신

---

56) 토마스 아퀴나스. 페이지 56의 주석 7번 참조.

을 가지고 있으므로 자유의지가 있다고 할 수 있습니다. 하지만 그는 동시에 변형될 수 없는 우주 법칙의 지배를 받습니다. 인간의 운명을 좌우하는 우주의 법칙을 벗어나면 안전과 평온을 위협하는 상황과 만나게 됩니다. 따라서 궁극적으로는 우주의 계획을 따라야 하며, 자연이 모든 생명을 위해 만들어놓은 법칙을 준수해야 합니다.

인과관계의 법칙이 실재하고 필연적이라는 사실을 받아들이면, 모든 원인은 연쇄반응을 촉발하여 반드시 이에 상응하는 결과로 이어진다는 진리에 도달하게 됩니다. 신의 법칙, 또는 자연의 법칙 위에 있는 사람은 없습니다. 지구상의 수많은 인간은 매 순간 서로 얽히고 상호 의존적인 원인을 무수히 만들어내고 있습니다. 우리가 만약 한 인간의 삶을 일시적으로 정지시키고 그의 모든 생각과 행동을 멈추게 하더라도 그 이전에 만들어진 원인은 결과를 만들어내기 위해 계속 작용합니다. 결과는 행동에 의해 정해지며, 인간은 날마다 행동하며 그 결과에 반응합니다. 인간에게 찾아오는 모든 상황은 과거 행동의 결과이며, 인간은 그 상황에 반응하기 위해 또 행동해야 합니다. 그리고 새로운 행동이 또 새로운 결과를 만들어내는 순환이 계속 이어집니다.

조금 더 간단하게 설명해 보겠습니다. 어떤 사람이 자살하기 위해 낭떠러지 가장자리에 서 있다고 가정해 봅시다. 절벽 위에 서 있는 상태에서 그는 마음의 괴로움만 느끼며, 실제로 뛰어내리기 전까지는 그 행동에 따른 결과를 경험하지 않습니다. 하지만 치명적인 결단을 실행으로 옮기는 순간, 이에 상응하는 필연적인 결과가 만들어지는 절차가 개시됩니다. 절벽에 서 있는 인간은 자기 힘으로 선택을 내릴 수 있고, 그 선택이 새로운 원인과 결과를 만들어내어 그의 미래를 바꿉니다. 삶이 하도 힘들어서 자살까지 생각한 것이겠지만, 괴로움에 반응하는 방식은 다양합니다. 같은 처지에 있는 다른 사람은 자살을 생각하지 않았을 수도 있습니다.

운명론에 따르면 자살행위도 이미 정해진 것이며, 삶에서 벌어진 일련의 불행이 그를 필연적으로 절벽까지 이끌었다고 설명합니다. 하지만 이 주장에는 논란의 소지가 있습니다. 누구도 선택을 강요받을 수는 없습니다. 강도들에게 납치되어 절벽 아래로 던져지거나, 걷다가 발을 잘못 디뎌 추락하는 사고는 있을 수 있지만, 자살하겠다는 결심은 어디까지나 당사자가 내린 것입니다. 살겠다는 의지가 있으면 얼마든지 죽지 않을 수 있습니다.

절벽 가장자리까지 다가갔던 이 사람이 자신의 결심을 다시 생각해본 후, 마음이 바뀌어 집으로 돌아갔다고 가정해 봅시다. 그는 순간적으로 죽음의 위기에 처했지만, 자제력을 발휘함으로써 추락하는 사람에게 필연적으로 작용하는 중력 법칙의 결과로부터 자유로워졌습니다. 뛰어내린 직후에 자신의 선택을 후회하고 회개하는 사람은 어떨까요? 그 짧은 찰나에 생각을 고쳐먹었다고 해도 이미 실행으로 옮긴 행동의 결과는 피할 수 없습니다. 하지만 뛰기 전에 마음을 바꾼 사람은 집으로 돌아가 새로운 희소식을 전해 듣고 삶의 활력을 되찾을 수도 있습니다. 두려움과 비관주의에 굴복하여 어리석은 짓을 하지 않은 것에 대해 감사하고, 그 일을 계기로 열심히 살면서 재기할 수도 있습니다.

삶의 매 순간 우리는 나의 현재 상태에 적합한 운명을 맞습니다. 새로운 요인 또는 상황이 나에게 변화를 주지 않으면 그 운명이 무엇일지 정확하게 알아낼 수도 있습니다. 또 하나의 예를 들어봅시다. 길모퉁이에 서 있는데, 무단횡단을 하려고 도로를 향해 걸어가는 사람이 보입니다. 우리는 그가 별 탈 없이 도로 반대편에 무사히 도착할 것이라고 거의 100% 확신합니다. 하지만 확률은 매우 낮더라도 사고의 가능성은 항상 있습니다. 만약 사고가 난다면, 반대편에 무사히 도달한 이후에 예정대로 이어졌을 일들이 중단됩니다.

공부를 잘하는 학생은 친구들로부터 장차 좋은 대학에 진학하여 출세할 것이라는 평가를 얻습니다. 그는 성공에 필요한 모든 재능을 갖추고 있는 것으로 보입니다. 하지만 겉으로는 잘 드러나지 않았던 성격상의 문제로 술독에 빠지면 알코올 중독과 관련된 인과관계의 법칙이 그의 삶을 지배하고, 만인의 존경을 받는 인사가 되는 대신 촉망 받던 미래를 팽개친 폐인이 될 수 있습니다.

다음엔 물질주의의 세뇌를 깊게 받은 한 젊은 과학자의 사례를 살펴봅시다. 뛰어난 두뇌의 소유자인 그는 핵물리학 연구에 일생을 바치기로 합니다. 하지만 연구를 진행하던 중 전쟁이 터져 군대에 징집됩니다. 참혹한 전쟁터의 한가운데서 핵무기의 가공할 위력을 직접 체험한 그는 종전 후 진로를 수정하여 종교에 귀의하겠다고 마음먹습니다. 독실하고 경건한 신도로 변신한 그는 결국 신품성사를 받고 신부가 되어 선교 활동을 시작합니다. 인간의 생각은 운명으로 이어집니다. 이 과학자의 경우 목적의식이 바뀌면서 생각이 바뀌고, 결국 운명도 바뀌었습니다. 천재 물리학자로서의 운명이 무대 뒤로 물러난 후, 그는 중앙아프리카의 작은 마을에서 신과 주민을 섬기며 생을 마감했습니다. 그의 생애의 어느 순간에서도 자연의 법칙이 위반되거나 원형의 개념이 무너진 적은 없습니다. 단지 그가 행동을 바꾸면서 하나의 원형에서 다른 원형으로 자연스럽게 이동한 것입니다.

요약하자면, 인간의 운명은 선택에 의해 정해집니다. 선택이 이루어진 후에는 행동으로 운명을 실현하거나, 신부의 사례에서처럼 행동을 바꿔 새로운 운명을 향해 나아갈 수 있습니다. 카르마의 법칙도 이 과정에 관여합니다. 인간은 수많은 생을 거치면서 산전수전을 다 겪은 존재이지만, 한 생애에 자기의 모든 면을 드러내는 경우는 흔치 않습니다. 이번 생에서 나에게 주어지는 상황은 전생에서 만들어진 도덕적 원인의 결과입니다. 따라서 결과의 규칙과 제약에서 자유로울 수 없습니다. 절벽에서 떨어지고 있는 사람이 자신의 행동을 후회하더라도 결과가 달라질 수 없는 것과 같은 이치입니다. 따라서 물질 세상에 와 있는 사람에게 완전한 자유의지가 있다고 말할 수는 없습니다. 가능한 범위 내에서는 자유의지를 발휘하여 삶을 선택할 수 있지만, 하고 싶은 일을 뭐든지 다 할 수는 없다는 얘기입니다. 할 수 없는 일, 불가능한 일을 시도하면 즉시 보이지 않는 장벽에 부딪힙니다.

하지만 살면서 주어지는 여러 과제에 대응하는 방식을 선택할 수 있는 자유도 많이 있습니다. 제멋대로 아무거나 선택하는 사람도 있고, 깊게 고민한 후에 신중하게 선택을 내리는 사람도 있습니다. 인간은 중대한 선택에 갈림길에 섰을 때 분별력을 동원하여 좋은 방안, 더 좋은 방안, 최고의 방안 중 하나를 택합니다. 악이 지배하는 세상에서 선을 택할 수도 있고, 적을 용서하거나 응징할 수도 있고, 신념을 지키거나 타협할 수도 있습니다. 선택은 행동이며, 그 행동을 취하는 순간 이에 맞는 결과를 만들어내기 위해 일련의 반응이 개시됩니다. 즉, 자유의지는 제한된 결정론의 한 형태라 할 수 있습니다. 자유의지의 행사를 제약하는 것은 우주가 아니라 인간의 무지입니다. 인간은 자기가 모르거나 이해하지 못하는 것을 추정하고 선택할 수 없습니다. 삶이라는 것 자체가 대체로 이해하기 어렵기 때문에 결국 작은 범위 내에서만 자유의지를 행사할 수 있는 것입니다.

인생을 망치고 있는 어떤 젊은이에게 이렇게 얘기해줬다고 가정해 봅시다. "너 지금처럼 계속 이기적으로 살면 인생이 우울해지고, 친구도 다 잃고, 가정을 파괴하고, 결국엔 고독과 슬픔에 몸부림치게 될 것이야." 지금은 이 조언이 예언에 지나지 않지만, 당사자가 삶의 방식과 행동을 바꾸지 않으면 운명이 될 수 있습니다. 하지만 그는 아직 젊습니다. 앞으로 50년은 더 살 수 있습니다. 50년이라는 긴 세월이 그에게 아무런 영향을 주지 않을 것이라고 장담할 수 있을까요? 워낙 고집불통이라서 진심 어린 조언에 콧방귀를 뀔 공산이 크지만, 아무렇게나 막살다가 삶이 꼬이기 시작하면서 큰 비극을 경험하고 마음이 바뀔 가능성도 있습니다. 만약 그리된다면 삶에서 내리는 결정도 새로운 방향으로 바뀔 것이고, 인생을 망칠 것이라는 최초의 예언도 빗나가게 됩니다. 조언자가 했던 말이 틀린 것은 아니지만, 사람은 누구나 의식을 전환함으로써 운명을 바꾸는 힘을 가지고 있습니다.

고대의 점성학자 프톨레마이오스는 별이 인간의 운명을 정하는 것은 아니라고 말했습니다. 하늘은 부추기기는 하지만, 강제하지는 않습니다. 별이 인간에 미치는 영향은 항해사가 마주해야 하는 바람과 해류에 비유할 수 있습니다. 세상의 압력에 당당하게 맞설 생각은 하지 않고, 아무런 의지나 동기도 없이 삶의 조류에 휩쓸려가는 인생은 별이 점지한 운명을 실현하게 될 가능성이 아주 높습니다. 하지만 인생이라는 배의 키를 직접 잡은 항해사가 되어 때로는 바람과 해류를 이용하고, 때로는 땀을 흘리면서 목적지를 향해 배를 조종하면 안전하게 항구에 정박할 수 있습니다. 아무런 노력도 하지 않고 삶의 바다 위에서 둥둥 떠다니는 사람의 미래는 예측하기 쉽습니다. 인간의 용기, 신념, 의지라는 변수가 빠진 상태에서 외부 환경의 영향만 받으며 움직이기 때문입니다. 하지만 나를 둘러싼 환경과 상황을 방관하지 않고 뭔가 해보겠다고 마음먹고 행동하는 순간, 운명의 방향이 달라집니다. 나의 새로운 선택이 예전만큼 어리석다 하더라도 원인이 바뀌었으므로 결과도 달라집니다. 또 바보 같은 선택을 했으니 이번에도 끝이 안 좋겠지만, 어쨌든 전과는 다른 결과를 얻게 됩니다.

나의 운명에 영향을 주는 방법이 많다는 사실을 강조하는 철학은 삶에서 실용적이고 중요한 결정을 내리도록 영감을 줍니다. 내 인생의 실패는 미리 정해지지도, 예언되어 있지도 않습니다. 실패할 짓을 고치지 않고 계속 고집했을 때 실패하는 것입니다. 무지와 어리석음은 벌을 받고, 지혜와 선견지명은 보상을 받습니다. 좋은 운명을 실현하기 위해 많은 시간이 필요할 수도 있지만, 선택의 질이 나아지고 헌신하는 마음이 강해지면 우주 법칙의 보호를 받게 됩니다. 행복이 성취의 대상이듯이, 불행도 불행해질 이유가 있는 사람에게 찾아옵니다. 확실하고 완전한 불행이 현실화되기 위해서는 운명을 재앙으로 이끄는 일련의 원인과 결과가 손발을 맞춰 척척 진행되어야 합니다.

"뿌린 대로 거둔다."는 만고의 진리를 받아들이기로 했다면 진정으로 가치가 있는 수확을 하기 위해 앞으로 어떻게 농사를 지을지 계획해야 합니다. 운명에 영향을 주는 요인이 이게 다는 아니지만, 인과관계의 법칙 너머에 있는 요인까지 우리가 다 알기에는 역부족입니다. 인과관계의 법칙은 시간이라는 신비스러운 현상을 통해 작용합니다. 시간이 흐르면 땅에 뿌려졌던 씨앗이 열매를 맺게 되어 있습니다. 시간은 우리가 생각하는 것보다 많은 차원을 지니고 있습니다. 시간에도 강도intensity와 넓이extensity가 있습니다. 예를 들어, 인간의 감정 상태에 따라 하루가 평생으로 느껴질 수도 있습니다. 몇 시간 동안 겪는 일이 인생을 송두리째 바꿔놓을 수도 있고, 꿈속에서 몇 년을 살 수도 있습니다. 비전이나 꿈을 통해 인간의 감각과 시각을 초월하는 거대한 운명을 보게 되는 경우도 있습니다. 이처럼 시간은 주관적인 속성도 가지고 있습니다. 따라서 작용에 의한 반작용이 절벽에서 떨어지는 사람의 사례처럼 즉각 나타나는 경우도 있고, 폐인이 된 우등생처럼 오랜 세월이 지난 후에 현실화될 수도 있습니다.

고대의 힌두교 스승은 제자들에게 "선을 위해 봉사하는 삶을 실천하면 작용과 반작용의 주기가 즉각적으로 짧아진다."고 가르쳤습니다. 나의 새롭고 바람직한 행동이 과거의 나쁜 습관과 충돌을 일으키면서 교정과 변화의 작업이 그만큼 빨리 일어나기 때문입니다. 하지만 삶을 변화시키는 데 성공하고 인내심을 발휘하여 새로운 나의 모습을 유지하면 강력하고 건설적인 원인이 생성되어 이에 걸맞은 좋은 결과가 탄생합니다.

핵심은 언제나 행동입니다. 행동 없이는 변화도 일어나지 않습니다. 아무리 좋은 의도와 생각을 가졌더라도 행동으로 실천하지 않으면 결과에 아무런 영향을 주지 않습니다. 주변에 아는 것은 많지만 불행한 삶을 면하지 못하는 사람을 다들 한둘쯤은 알고 있을 것입니다. 말만 번지르르하고 행동은 하지 않기 때문에 운명이 바뀌지 않는 것입니다. 기억해야 할 것이 하나 더 있습니다. 올바른 생각과 동기로 행동하더라도 기존의 나쁜 원인이 가져올 결과가 마법처럼 지워지는 것은 아니라는 점입니다. 지금부터 올바르게 행동하면 부정적인 반작용이 더 생겨나지는 않지만, 과거에 행한 잘못으로부터 내가 즉각 구원되는 기적은 일어나지 않습니다. 한동안은 인내심을 가지고 기다려야 합니다. 자연에 진 응당한 빚은 갚고, 이제부터 더는 부정적인 카르마가 생겨나지 않을 것이라는 마음으로 즐겁게 미래를 맞이하면 됩니다.

다음 환생의 시점은 어떻게 정해지나요?

질문 #5 (PRS Journal, 1965년 가을호): 인간이 환생하는 시기는 본인이 정하나요? 아니면 '법'이 정한 시기에 태어나는 것인가요?

답변: 환생의 교리에 따르면 인간이 육신을 다시 걸치게 되는 시기는 주로 카르마의 강도에 의해 정해진다고 합니다. 카르마의 짐이 무거울수록 다시 태어날 시기와 장소에 대한 선택의 폭이 줄어든다는 것입니다. 예를 들어, 어떤 인간이 이번 생에서 별다른 말썽을 일으키지 않고 세상을 떠났다고 가정해 봅시다. 그는 정상으로 간주되는 범주 안에서 조용히 살면서 딱히 많은 공덕을 쌓지도 않았고 욕먹을만한 나쁜 짓도 하지 않았습니다. 그저 능력이 닿는 대로 삶의 과제에 맞서 열심히 해결을 시도했고, 올바르다고 생각하는 일을 실천으로 옮기며 어느 정도 인격을 계발하는 데 성공했습니다. 나름 자기 인생을 주도하면서 약간의 성장을 이룬 것입니다. 인간은 물질 세상에서

자기 운명을 다스린 만큼 다음 생을 설계할 수 있는 특권을 부여받습니다.

삶에서 중대한 결단을 내려야 하는 순간이 찾아왔을 때 우리가 가져야 할 필수 덕목 중 하나는 자연스러운 차분함과 사려 깊음입니다. 마음이 차분하면 문제가 터져도 당황하지 않고 그 자리에서 해결책을 찾아낼 수 있고, 상식을 동원해 실용적인 결단을 내릴 수 있습니다. 이런 사람은 소망과 신념으로 변화를 맞이하며, 우주의 계획은 항상 공정하고 선하다는 믿음으로 삶을 대합니다. 물질 세상에서 다음 세상으로 넘어가는 변화도 불안감을 느끼지 않고 즐거운 마음으로 받아들입니다.

후회 없이 평온한 마음으로 육신의 죽음을 맞는 사람에게는 다음 생에 대한 결정권이 주어집니다. 도덕 관념과 의식 수준이 높은 영혼일수록 자기의 성장에 도움이 되는 미래를 택합니다. 육신으로부터 해방되어 일시적으로 카르마의 짐을 잠시 내려놓은 상태에서 인간은 자기의 존재 이유를 보다 명확하게 알게 됩니다. 이때 성숙한 영혼은 세속적인 행복이나 행운을 추구하기보다는 인격 계발에 가장 크게 기여할 수 있는 생을 설계한 후 환생합니다. 불교에서도 인간이 육신을 걸치는 이유는 카르마의 빚을 갚는 기회를 얻기 위함이라고 설명합니다.

카르마의 짐은 무지에서 비롯되고, 무지는 이기심과 자기중심적 사고를 낳으며, 결국에는 고통으로 이어진다는 사실을 이해해야 합니다. 선에 반하는 마음, 생각, 욕망, 본능에 대한 집착이 강할수록 내 힘으로 다음 생을 설계할 여지가 줄어듭니다. 불교에서는 인간의 카르마 때문에 환생이 필요하다고 설명합니다. 분노의 파괴적인 힘이 물러져 사라질 때까지 계속 새로운 몸을 입어야 합니다. 증오심, 야망, 욕심, 육체적 욕망도 마찬가지입니다. 결점이 모두 해소된 후에는 환생의 의무도 사라집니다. 자기보다 성장이 더딘 어린 형제들을 돕기 위해 영원한 평화와

극락을 자발적으로 포기하는 보살의 경우를 제외하고는 다시 물질 세상에 올 필요가 없습니다.

카르마의 작용은 크게 세 가지로 분류할 수 있습니다. 이기심을 모두 떨쳐내고 깨달음의 경지에 이르러 더는 카르마를 만들어내지 않는 영혼은 반열반[57]을 성취합니다. 이들은 환생의 굴레로부터 자유로워집니다. 타인을 해치지 않고, 쓸모 있는 사람이 되기 위해 노력하고, 실수와 잘못을 최소화하고, 좋은 카르마를 열심히 만들어내는 도덕적인 영혼은 다음 생을 설계하는 자격을 얻습니다. 불교에서는 최고의 카르마를 안고 환생하는 것을 "아미타불의 서방극락정토[58]에 입성한다."고 상징적으로 표현합니다. 마지막으로, 자기의 부정적인 면을 다스리고 초월할 생각은 하지 않고 욕망을 채우기 위해 평생을 낭비한 영혼은 응징의 카르마를 짊어지고 환생해야 합니다. 과거에

---

[57] 般涅槃; Parinirvana. 살아있는 동안 열반을 성취한 영혼이 육신을 벗어던진 후의 상태. Nirvana-after-death.
[58] 西方極樂淨土; Amida's Western Paradise.

진 빚을 다 갚을 때까지 계속 다시 태어나야 합니다. 하지만 잘못을 저지르려는 심리적 충동이 아직 강한 상태이기 때문에 빚을 갚기는커녕, 더 많은 부정적 카르마를 만들어낼 가능성이 높습니다.

불교의 상징체계뿐 아니라 세계 모든 종교의 가르침에서 죄인(자신을 구원하지 못한 자)은 형벌과 정화가 이루어지는 속죄의 절차를 거쳐야 합니다. 이상주의 철학에서는 단 한 번도 인간의 영혼이 영원한 저주를 받는 운명을 인정한 적이 없습니다. 특히 불교에서는 우주상에 존재하는 모든 원자마저 궁극적으로는 성불하게 될 것이라고 설명합니다. 플라톤 학파와 마찬가지로 불교에서도 인간이 환생을 위해 육신을 다시 갖게 되는 것을 연옥에 비유합니다[59]. 물질 세상은 미덕보다 악덕이 대접을 받고, 악행에 따른 결과가 현실화되는 곳입니다. 따라서 일종의 지옥이라 할 수 있습니다.

---

59) 플라톤은 이를 "인간은 태어날 때 하데스(Hades; 그리스 신화의 지하세계)에 오고, 죽을 때 하데스를 떠난다."는 비유로 설명했다.

건설적으로 행동하려는 노력의 결실로 내면의 잠재력을 더욱더 펼치는 기회를 얻는 삶이 복 받은 환생입니다. 인생을 따뜻하고, 여유롭고, 즐거운 마음으로 대하는 사람은 다음 생에서 양심적이고 존귀한 가족의 일원으로 태어납니다. 물론 좋은 환경에서 태어난다고 해서 부정적인 카르마가 모두 소멸되는 것은 아닙니다. 행복한 가정에서 자라면서도 영적 힘과 역량을 꾸준히 계발해야 합니다. 자기에게 주어진 책무를 받아들이고, 성장의 기회를 올바르게 활용해야 합니다. 카르마의 빚을 갚기 위한 노력을 게을리하면 좋은 환경도 순식간에 손아귀에서 벗어날 수 있습니다. 훌륭한 사람이든 못난 사람이든, 갚아야 할 빚은 갚아야 합니다. '좋은 환생'이란 화기애애한 분위기 속에서 성장하는 기회를 얻는 것에 지나지 않습니다. 그다음에 어떻게 할지는 어디까지나 나에게 달려 있습니다.

제 생각에는 중생 또는 자아가 의식적으로든 무

의식적으로든, 영적으로 성장하고, 인품을 개선하고, 내면을 펼치는 책무를 기꺼이 받아들이는 경지에 오른 후에는 자신의 단점을 고치기 위해 언제든 원하는 환생의 시나리오를 설계하는 권리가 주어지는 것 같습니다. 자기 안에 여전히 남아 있는 결점을 인지하고 내면의 자산을 더욱더 계발해야 할 필요성을 느낀 영혼은 다음 생을 계획하면서 말합니다. "이번에는 이타주의, 인내심, 관대함을 한층 더 강화할 수 있는 환경에서 살아보는 것이 좋겠어." 이렇게 결심한 후에는 진보적이고, 이상주의적이고, 전반적으로 화목하지만 내가 이번 생에서 집중적으로 육성하고자 하는 가치가 다소 부족한 집안에 태어날 수 있습니다. 예를 들어, 전생에서 가정교육을 제대로 하지 못해 자녀의 미래를 망친 경험이 있는 영혼은 다음 생에서 아이를 응석받이로 키우고 과보호하는 여성을 어머니로 택할 수 있습니다. 전생에서 야망을 좇느라 자녀를 신경 쓰지 않았던 영혼은 이기적인 부모의 아기로 태어나는 선택을 할 수 있습니다. 피해자의 입장이 되어 속죄하면서 카르마의 빚을 갚고, 전생에서 통과하지 못한 과목에 다시 도전하기 위해 재수, 삼수, 사수를 하는 것입니다.

영혼이 자발적으로 이런 선택을 하는 이유는, 자기의 카르마를 갚기 위해 앞으로 어떤 경험과 과제가 필요한지 알 정도로 성숙해졌기 때문입니다. 이 개념을 이해하는 데 도움이 되는 또 하나의 예를 들어보겠습니다. 여러 번의 전생에서 위대한 음악가로 이름을 날린 사람이 있다고 가정해 봅시다. 훌륭한 음악가가 되는 것도 좋지만, 하나의 전문 분야에만 집중하다 보면 균형 잡힌 의식의 성장에 방해가 될 수 있습니다. 이 사실을 깨달은 영혼은 다음 생에서 음악에 전혀 관심이 없는 가정에서 태어나거나, 음악에 대한 지식과 배경을 잠재의식 안에서 억제한 상태로 태어나는 선택을 할 수 있습니다. 즉, 성장을 위한 최고의 선택을 내릴 줄 아는 영혼한테만 선택의 권리가 주어지는 것입니다. 자기를 다스리지 못해 매번 인생에서 헤매는 영혼은 선택의 여지 없이 문제가 더욱 복잡해질 수 있는 환경에서 태어납니다. 잘못하고 있다는 사실을 뼈저리게 느끼고 마음을 고쳐먹겠다는 계기가 생길 때까지 자연이 압력을 가하는 것입니다.

우리가 기억해야 할 또 한 가지는, 부정적인 카르마도 재앙은 아니라는 점입니다. 이유 없이 평생 나를 따라다니며 괴롭히는 철천지원수로 여겨질 때도 많겠지만, 카르마는 나쁜 것이 아닙니다. 고대 그리스인들은 육신 안으로 들어간 인간의 정신은 삶에서 일어나는 불행의 원인을 이해하지 못하지만, 의식의 한가운데에 자리를 잡은 영혼은 나에게 닥친 일이 부당하지 않다는 사실을 명확하고 완전하게 알고 있다고 생각했습니다. 정신적, 감정적, 신체적 장애를 안고 태어난 아이는 살면서 육체적 고통만 받습니다. 표면적으로는 성장하지 않는 것으로 보일 수 있지만, 망가진 몸 안의 의식은 성장하면서 운명을 실현하고 있습니다.

　이번에는 수차례 환생하면서 이기주의와 악덕만 키워온 영혼의 사례를 생각해 봅시다. 일단 우리도 지금까지 성장하는 과정에서 치명적인 실수와 죄를 저지른 적이 있는 영혼이라는 사실부터 인정해야 합니다. 부처는 가장 위대한 성자와 현자도 전생에서 무수히 많은 악을 행한 적이 있는 사람들이라고 지적했습니다. 그들조차 무지의 암흑에서 갈피를 잡지 못해 삶을 파괴하고, 자기의 능력을 나쁜 목적으로 이용하고, 주변 사람들을 우울하게 만든 전과를 가지고 있다는 것입니다. 새로운 사람으로 탈바꿈했다고 해서 과거의 카르마가 변제되고 용서되는 것은 아닙니다. 성자도 한번 진 빚은 갚아야 합니다. 하지만 통찰이 깊어지면 즐거운 마음으로 빚을 갚게 되며, 착실하게 모든 빚을 갚아야 카르마의 장부가 깔끔하게 정리된다는 사실을 깨닫게 됩니다. 물론 자기에게 닥친 불행이 카르마의 정당한 보상이라는 사실을 아직 이해하지 못하는 사람도 많습니다. 이들은 다음 생에서 반항아로 태어나 여러 생에 걸쳐 자기를 괴롭힌 이기주의와 탐욕을 지켜내기 위해 필사적으로 싸우게 될지도 모릅니다. 아직 의식이 심리적 압박을 이겨낼 수 있는 수준으로 성장하지 못했다는 뜻입니다. 하지만 자연은 고통을 다스리지 못하는 영혼에게도 언젠가는 환생의 굴레에서 벗어나는 운명을 허락합니다.

환생에는 두 가지의 도덕적 의미가 담겨 있습니다. 물질 세상에 태어난 인간은 타인과 더불어 살아야 하며, 타인도 나를 이웃으로 삼아야 합니다. 따라서 인간의 행동은 타인에게도 영향을 주게 되어 있습니다. 동양 철학에서는 키우기 어려운 자녀가 태어나는 이유는, 부모가 전생의 카르마를 갚기 위해 그 과제의 수행이 필요하기 때문이라고 설명합니다. 문제아는 온 가족을 불행에 빠트릴 수 있으며, 대부분의 경우 더욱더 많은 카르마를 생성하는 결과를 초래합니다.

쉽게 설명할 수 없는 미묘한 역학관계입니다. 완벽한 부모 사이에서 구제 불능의 문제아가 태어나는 것이 가능할까요? 물론 여기서 '완벽하다'는 것은 절대적인 기준이 아니라 상대적으로 그렇다는 얘기입니다. 자녀를 위해 자신의 모든 것을 조건 없이 희생할 수 있는 보살의 경지에 이른 두 남녀 사이에서는 문제아가 태어날 수도 있습니다. 완벽한 부부는 자기의 행동을 완전하게 인지하며, 자녀의 구원을 성취하는 방법도 명확하게 이해합니다. 따라서 문제아를 돕기 위해 많은 역할을 할 수 있습니다. 하지만 이런 경우는 예외적이고, 대부분의 아이는 자신과 비슷한 의식 수준을 가진 부모를 만납니다. 마찬가지 원리로, 부모에게 큰 가르침을 주기 위해 보살이 아기로 환생하는 경우를 제외하고, 완벽에 가까운 상태에 이른 영혼이 무지한 부모에게 이끌리는 법도 없습니다.

인생은 복잡한 상황의 연속이지만, 자연의 법칙은 공정합니다. 문제아의 양육은 부모에게 필요한 경험입니다. 그 어려운 과제를 받아들이고 해결하기 위해 노력하면서 부모도 성장해야 합니다. 아이가 부모를 거절할 수도 있습니다. 부모의 진심 어린 가정교육과 정반대로 행동하며 자기 멋대로 살겠다고 집을 뛰쳐나갈 수도 있습니다. 이걸 막을 수는 없습니다. 카르마의 실현과 해소를 위해 부모와 자녀 모두 거쳐야 하는 소중한 통과의례이기 때문입니다.

비교적 높은 의식 수준에 이르지 못한 상태에서는 카르마에 작용하는 여러 요인을 정확하게 꿰뚫어 보기 어렵습니다. 하지만 저는 어려운 상황에서도 품위를 유지하며 올바르게 행동하는 부모를 여럿 봤습니다. 그들은 역경 속에서도 진정한 가치를 발견하고 법칙을 따랐으며, 내면의 힘을 동원하여 고통과 슬픔을 초월했습니다. 이 내면의 힘을 통해 카르마의 작용을 확인할 수 있습니다. 이들은 어떤 상황에서도 올바른 선택을 하면서 큰 폭으로 성장했습니다. 아이가 계속 부모를 무시하더라도 시간이 흐르고 경험이 쌓이면 아이도 어떤 길이 옳은지 알게 됩니다. 비록 짧은 인생이지만, 산전수전을 겪으며 사람이 한결 부드러워지고 여무는 모습을 곳곳에서 볼 수 있습니다. 버르장머리 없는 아이는 부모가 자기를 조금 더 엄하게 키우지 않았다는 사실을 원망하고, 어릴 때부터 훈육을 받은 아이는 처음에는 부모를 원망하지만, 나중에는 감사하는 마음을 갖게 됩니다.

모든 인간은 자기만의 운명을 가진 개체라는 사실을 꼭 기억하시기 바랍니다. 자녀뿐 아니라 부모도 한 명의 독립적인 인간입니다. 인간은 높은 이상과 신념을 따르면서 주변 사람들에게 함께 가자고 손을 내밀 때 가장 많이 성장합니다. 우리를 하나로 연결하는 유일한 끈은 성장의 과제입니다. 우리가 원하면 모두가 절친한 친구이자 동지가 되어 잠시나마 삶의 여정을 함께 걸을 수 있습니다. 물질 세상에서의 짧은 인연이 끝나면 헤어졌다가 새로운 관계로 다시 만나고, 나쁜 카르마를 만들지 않는 아름다운 삶을 위해 또 협력할 수 있습니다.

지금까지 인간관계의 문제를 풀기 위한 많은 해법과 공식이 제시되었지만 다 뻔한 얘기뿐입니다. 관계의 배후에 있는 실질적인 요인은 고려하지 않고 겉으로 드러나는 부분에만 치중한 수박 겉핥기 식의 해법입니다. 때로는 이런 해법이 효과를 발휘하는 것처럼 보일 수도 있습니다. 진실을 기반으로 한 조언이면 도움이 됩니다. 삶과 죽음을 정복하는 유일한 진짜 해법은 악을 멀리하고 선을 행하는 것입니다. 그러기 위해서는 우선 올바르게 사고해야 하고, 그 생각을 나 자신은 물론이고, 가까운 사람들과 나에게 일어나는 모든 상황에 적용해야 합니다.

민주주의의 핵심은 자기를 다스리는 것입니다. 정치적으로는 물론이고, 개인 차원에서도 성취하기 매우 어려운 일입니다. 환생과 카르마의 법칙도 비슷합니다. 나를 다스릴 수 있으면 나의 인생을 주도할 수 있습니다. 나를 다스릴 수 있기 전에는 남의 지배를 받을 수밖에 없습니다. 올바른 선택을 내릴 지혜와 용기가 없으면 카르마가 개입하여 운명을 실현하는 방향으로 가도록 계속 툭툭 치면서 밀칩니다. 자연이 바라는 것은 모두가 올바르게 선택하고 행동하는 것입니다. 본인의 의지로 그런 선택을 내리면, 본인의 힘으로 카르마의 빚을 갚는 방법을 정할 수 있습니다.

위대한 현자는 보통 사람보다 사후 세계에 오래 머물렀다가 인류가 도움을 절실히 필요로 하는 위기의 시점에 환생한다고 합니다. 그들은 자기가 태어날 시기와 장소를 직접 정합니다. 도덕적으로 살면 영혼의 안전뿐 아니라 더 많은 자유까지 얻게 되는 셈입니다. 우리도 나를 심적으로 괴롭히는 카르마의 압력으로부터 해방되면 원하는 대로 할 수 있습니다. 물론 욕망 충족을 위해서가 아니라 나와 타인에게 필요한 것을 기준으로 최고의 선택을 한다는 얘기입니다. 그 수준에 이르기 전까지는 자연의 지도를 받아야 합니다. 아쉽게도 자연의 지혜로운 선택은 인간의 야망과 욕심에 제동을 거는 장애물 역할을 하기 때문에 자연을 원망하는 사람이 많습니다.

옮긴이 소개

옮긴이 윤민

17년간의 직장생활을 마무리하고 2013년에 윤앤리 퍼블리싱 출판사를 차렸다. 출판업에 대한 지식이 전혀 없는 상태에서 4년 넘게 우왕좌왕하였으나 현재까지 포기하지 않은 상태이며, 2017년부터는 '마름돌'이라는 이름으로 새로운 출발을 시작했다. 거칠고 울퉁불퉁한 마름돌을 꾸준히 다듬고 연마하여 널리 쓰일 수 있는 매끈매끈한 마름돌을 탄생시키겠다는 의지가 담겨 있는 이름이다.

번역서 : 《내 인생이잖아》, 《파워 오브 러브》, 《돌아보고 발견하고 성장한다》, 《별자리 심리학》, 《동화 속의 심리학》, 《혼점》, 《음악의 심리학》, 《생각이 만든 감옥》, 《절망 속에서 태어나는 용기》, 《환생, 카르마 그리고 죽음 이후의 삶》.

옮긴이 남기종

심볼리즘과 원형을 통한 인간 심리 이해와 활용법에 대해 연구 중이며, 바꿀 수 없는 과거나 아직 존재하지 않는 미래보다는 지금 자신이 결정하고 선택할 수 있는 현재에 집중하는 삶을 위해 노력하고 있다.

번역서 : 《동화 속의 심리학》, 《혼점》, 《음악의 심리학》, 《생각이 만든 감옥》, 《절망 속에서 태어나는 용기》, 《환생, 카르마 그리고 죽음 이후의 삶》.

나는 다시 태어나기로 했다 - 맨리 P. 홀의 환생 강의 제2부

초판 1쇄 발행 2019년 5월 20일

지은이	맨리 P. 홀
옮긴이	윤민, 남기종
펴낸이	윤민, 남기종
편집	윤민, 남기종
디자인	모아 김성엽

펴낸곳	윤앤리퍼블리싱
임프린트	마름돌
주소	경기도 용인시 기흥구 보정로 30, 114-1502
전화	070-4155-5432
팩스	0303-0950-9910
카페	http://cafe.naver.com/ynl
유튜브	http://www.youtube.com/user/yoonandlee
메일주소	krysiagetz@gmail.com

값 13,000원
ISBN 979-11-965897-1-4 04190
ISBN 979-11-950885-4-6 (세트)

이 도서의 국립중앙도서관 출판예정도서목록(CIP)은
서지정보유통지원시스템 홈페이지(http://seoji.nl.go.kr)와
국가자료공동목록시스템(http://www.nl.go.kr/kolisnet)에서 이용하실 수 있습니다.
(CIP제어번호 : CIP2019018371)